Le manager musicien

Le manager musicien

Éditions d'Organisation
Groupe Eyrolles
61, bd Saint-Germain
75240 Paris cedex 05

www.editions-organisation.com
www.editions-eyrolles.com

Du même auteur

L'ombre de Laure, Denoël, Paris 1989 (roman)
Le voyage à Leningrad, Jean-Claude Lattès, Paris, 1993 (roman)
Mourir à Grenade, Éditions du Petit Pavé, Paris, 2006 (roman)

Chez le même éditeur

Huit qualités pour diriger autrement, Remi Huppert
Manager avec la philo, Eugénie Vegleris
Le manager à l'écoute de l'artiste, Christian Mayeur
L'intelligence intuitive, Francis Cholle

© Groupe Eyrolles, 2007
ISBN : 978-2-212-53888-5

Remi HUPPERT

Le manager musicien

EYROLLES

Éditions d'Organisation

Remerciements

Tisser des liens entre musique et management revient à défricher une terre inconnue. La tâche tient de la gageure et du pari. J'y ai sans doute été aidé par ma passion très ancienne pour la musique et par mon expérience du conseil en management. Mais je n'y serais pas parvenu sans avoir la possibilité de partager mes intuitions et mes hypothèses avec des interlocuteurs qualifiés.

Mes remerciements s'adressent aux dirigeants d'entreprises qui ont bien voulu nous confier combien la pratique de la musique inspirait leur action de manager. Nous avons été sensibles à leur accueil, à leur disponibilité et au caractère très personnel de leurs réflexions. Que soient ainsi remerciés : Catherine Coëffic-Boyer, Annie Ducellier, François Gérin, Thierry Langer, Adeline Masclet et Guillaume Poitrinal.

De même, ma reconnaissance va aux représentants du monde musical, administrateurs et chefs d'orchestre, tous professionnels de haut niveau, sans lesquels nous n'aurions pu pénétrer dans la communauté de l'orchestre et esquisser un rapprochement entre cet univers et le monde de l'entreprise. Merci du fond du cœur, donc, à Jacqueline Brochen, Jean-Claude Casadesus, Georges-François Hirsch, René Koering, Jean de Saint-Guilhem et Lionel Stoléru d'avoir pu se libérer de leurs lourdes obligations pour partager nos interrogations et tenter d'y répondre.

Je sais gré à Anne-Marie Minola de m'avoir apporté son aide dans le choix de certaines des références philosophiques utilisées dans cet ouvrage.

Merci, enfin, à tous ceux qui ont facilité mes prises de contact avec le monde musical.

Sommaire

La musique ou comment dire plus que les mots

La musique et le management

La musique joue un rôle central dans la vie des êtres humains. Elle est tour à tour source d'émotion, de vitalité et de recueillement. Elle enchante, ses pouvoirs fascinent. Elle propose à l'imagination de chacun un univers magique et bouleversant.

L'univers musical tend vers l'harmonisation des éléments et la conciliation des forces contraires : le doux et le fort, le grave et l'aigu, le consonant et le dissonant, le lent et le rapide sont autant d'échelles permettant de traduire les sentiments, de stratifier la conscience en allant de l'inorganisé au structuré… Il rétablit par la consonance des sons et le synchronisme des rythmes l'équilibre, altéré par les passions et les excès de la vie moderne. Il invite à la modération, à la purification et il produit un effet thérapeutique ou en tout cas bienfaisant. D'une manière générale, il permet aux individus de communiquer entre eux, certains y voyant même un moyen riche, bien qu'ineffable, de se relier aux autres en « adoucissant les mœurs ». À cet égard, il est le témoin des traditions, des goûts, du style d'une civilisation ou encore d'une époque.

La musique s'invite même à notre insu dans notre mode de communication principal, le langage, à travers des métaphores dont nous verrons qu'elles ne sont pas toujours très heureuses et traduisent, au fond, un mélange d'intérêt et de méconnaissance pour et de la musique.

Nous écoutons la musique « pour nous détendre » sans toujours saisir en quoi et pourquoi elle agit ainsi en nous. Chacun a le sentiment, parfois confus, qu'elle recèle de grands bienfaits propres à l'aider à gagner en sagesse et en sérénité. Peut-être mieux que le sommeil, la musique régénère et permet de « décrocher ». Toutefois, faire de la musique n'est pas particulièrement reposant, pas plus que l'écoute attentive d'un morceau difficile !

Est-ce la raison pour laquelle la musique classique et, dans une certaine mesure, le jazz, suscitent un grand intérêt dans les milieux d'entreprise ? L'attrait qu'elle exerce est en tout cas considérable, comme en témoignent l'engouement pour la vie musicale, l'écoute de la radio, la fréquentation des salles de concert et d'art lyrique, la pratique des amateurs, la fascination exercée par les grands chefs d'orchestre, etc.

Il est donc important de comprendre sinon l'essence même de la musique – ce qui n'entre pas dans le propos de ce livre –, du moins ce que ses constituants, ses ingrédients, la matière dont elle est faite et la manière de la faire peuvent apporter à l'auditeur, et en particulier à l'auditeur manager, confronté sans arrêt aux situations de conduite des hommes et du changement, pourvu qu'il aille vers elle sans intention utilitaire.

De toute évidence, la musique « parle » beaucoup aux managers qui ont besoin, de temps à autre, de « tout oublier ». Les fonctions dirigeantes sont certes passionnantes mais, par nature, prenantes, lourdes et envahissantes. Diriger est une tâche extensible à l'infini, de sorte qu'il faut bien à un moment donné enrayer le déferlement des idées à creuser et des problèmes à résoudre.

Nous avons déjà consacré de longs développements au rôle salutaire que pouvait jouer la philosophie[1] dans l'art de diriger et de

---

1. Remi Huppert, *Huit qualités pour diriger autrement*, Éditions d'Organisation, 2006.

conduire les hommes. Nourri d'attitudes profondes, fort d'une volonté affermie et d'une considération renouvelée pour la diversité, le dirigeant se légitime progressivement dans l'action et parvient à donner du sens aux missions de ses collaborateurs.

Le manager sage est une sorte de philosophe de l'action ; il mûrit ses décisions dans le secret de son esprit. Il découvre les bienfaits de la pensée philosophique et prend conscience que celle-ci n'est pas un domaine réservé à quelques professionnels spécialisés ou même à des « conseillers en sagesse » se disant proches de l'entreprise. Elle propose au contraire des principes d'*action* face à une réalité très concrète pour la transformer d'une manière ou d'une autre.

Un discours sur la volonté, sur les vertus n'est pas une fin en soi, pas plus que ne l'est celui sur la justice, la règle ou l'équité. Il est profondément lié à la vie et à l'action de celui qui dirige. Il enrichit sa manière d'échanger avec les autres, permet de faire confiance à leur sens de la régulation, de maîtriser un peu mieux le temps et l'espace. Le dirigeant vertueux s'oblige à ouvrir sans cesse sa pensée, à ajuster son action, à faire son métier avec sérénité. Il devient *un philosophe en action*, ce qui, tous comptes faits, vaut tout de même mieux qu'un homme d'action conseillé par des philosophes.

Contrairement aux imposants édifices conceptuels bâtis par les philosophes, la musique n'est qu'une petite pensée naissante, tâtonnante, approximative et même fugitive. Elle ne met pas les points sur les « i » de façon explicite. Car que reste-t-il de la musique après qu'elle a été jouée ou entendue ? Bien qu'elle utilise une syntaxe élaborée, elle n'est ni un langage au sens courant, ni un moyen de communiquer des concepts, ni un moyen d'expression utilitaire. Il ne s'agit pas d'un système rationnel, comme peut l'être la pensée managériale, discours structuré et charpenté permettant au dirigeant qui pense à son entreprise d'aspirer à la cohérence en s'efforçant de résoudre les contradictions, de réduire les irréductibles, de tenir compte de la diversité et de la pluralité, de prévenir l'éclatement du lien social.

Pourquoi, dès lors, attacher tant d'importance à la musique ? Tout simplement pour deux raisons. D'abord parce qu'elle est tout aussi répandue que la nourriture ou le langage et qu'elle semble faire partie de notre constitution biologique avant même d'être un ingrédient culturel. D'ailleurs, nous entendons les sons avant même de leur donner du sens. Comme le dit un intellectuel britannique :

« Nous sommes une espèce musicale et la musique nous fournit des clefs de notre culture. La recherche archéologique et celles effectuées dans le domaine des neurosciences, de la psychologie et de la musicologie […] suggèrent que la communication par variations de timbres et de rythmes a probablement précédé celui de la parole et a participé à sa fondation. »[1]

À telle enseigne on peut se demander pourquoi la musique est largement négligée par les sciences de l'esprit, et de répondre que le passé est par définition silencieux, du moins jusqu'au XXe siècle.

Ensuite, parce qu'elle n'a pas d'idées à accorder logiquement les unes avec les autres, parce que l'harmonie musicale est moins une synthèse rationnelle des opposés qu'une sorte de symbiose irrationnelle, qui parle à la fois à l'esprit et au cœur, et peut-être plus au cœur qu'à l'esprit. Vladimir Jankélévitch[2], philosophe et musicien subtil et fécond, résume très bien cette idée quand il écrit :

« La musique est inexpressive non pas parce qu'elle n'exprime rien, mais parce qu'elle n'exprime pas tel ou tel paysage privilégié, tel ou tel décor à l'exclusion de tous les autres : elle implique d'innombrables possibilités d'interprétation entre lesquelles elle nous laisse choisir. »[3]

Autrement dit, non seulement la musique préexiste à la parole, mais elle participe d'une forme d'intelligence et d'appréhension

---

1. Steven Mithen, *University of Reading, www.isc.cnrs.fr*
2. 1903-1985.
3. Vladimir Jankélévitch, *La musique et l'ineffable*, Le Seuil, 1983.

du monde, « dit autrement » plus de choses que les mots, ce que croit, sans détours, le romancier Hermann Hesse :

« Nous devons certes utiliser et exercer notre raison, mais il ne faut pas écouter qu'elle… Les hommes simples et sains, le « peuple », s'arrangent de la vie et de ses abîmes en se consacrant aux tâches et aux joies de chaque jour. Les intellectuels, ceux qui ont l'obligation de penser, ne peuvent revenir à cette innocence. Ils ont besoin d'un contrepoids à l'intelligence, à sa vanité, ils le trouvent dans l'amitié avec la nature […] (ou) en pratiquant la peinture, la musique, la poésie… »[1]

Si l'on peut déployer des capacités de raisonnement et de logique en mathématiques, des capacités d'expression et de compréhension en français, l'éducation musicale permet de développer la sensibilité, l'imaginaire, la curiosité, le sens critique, la mémoire, les facultés d'analyse et de concentration. Elle peut également avoir une influence sur notre comportement et traduire nos humeurs.

Mais attention ! La musique ne « sert » *a priori* à rien, même si elle accompagne tous les temps forts de la vie (naissance, mariage, enterrement, fêtes…), même si elle rythme nos journées, « raconte » des histoires, évoque des lieux, des ambiances, traduit des émotions (amour, douleur, joie, humour, peur, tristesse…). La musique donne du courage comme le fait un hymne ou un air martial ; elle accompagne une danse, une prière, un travail ; elle fait rêver, développe l'imagination, suscite le plaisir (jeu, virtuosité, improvisation), construit et développe les capacités intellectuelles (mémoire, logique), etc.

À la différence de certains, nous ne considérons pas que l'art doit absolument être « instrumentalisé » à des fins d'apparence et encore moins « engagé ». Nous pensons au contraire qu'il n'est pas destiné à être asservi à quoi que ce soit et doit exister par et pour lui-même, sans recherche d'affichage.

---

1. Hermann Hesse, *Lettres choisies*, Éditions José Corti, 1999.

La musique est une composante essentielle de la culture, laquelle situe rapidement une personne, presque en même temps que son apparence physique. À l'occasion de débats, de rendez-vous, d'entretiens de sélection, on est parfois frappé par les carences culturelles de cadres pourtant de haut niveau, ou pis encore par de prétendus mélomanes capables de faire illusion pendant un repas d'affaires, histoire d'émouvoir l'interlocuteur par une connaissance cosmétique du festival de Bayreuth ou de la musique russe du début du XXe siècle ; ils ressemblent à ces experts en antiquités qui croient éblouir avec leurs collections de livres anciens, fables de La Fontaine ou sonnets de Heredia reliés plein cuir, achetés au prix fort et jamais ouverts. Il convient de se méfier de cette culture consistant à goûter l'opéra comme on savoure un bon vin ou un Havane.

La musique ne peut être l'objet d'une absence de compréhension, car ce serait se priver là d'une source de sens ; mais la comprendre de façon intellectuelle comme si elle était faite d'idées et de concepts serait tout aussi vain : les musicologues ont leur rôle à jouer, mais il ne faut pas compter sur eux pour susciter en nous l'émotion. Cela dit, il est de vrais amateurs qui s'honorent de pratiquer la musique et de la comprendre de l'intérieur, avec leur cœur et leur esprit, en exécutants ou en auditeurs attentifs. Qu'ils soient donc ici encouragés à creuser ce sillon faisant d'eux des dirigeants efficaces aussi bien que sages.

Cet ouvrage s'inscrit dans la perspective consistant à tisser inlassablement des liens entre l'univers de la culture et celui du management, ceci afin de contribuer à définir pour chaque dirigeant une légitimité porteuse de sens pour les collaborateurs. Sans délaisser la philosophie, ce livre aborde un autre domaine, celui de la musique, *a priori* totalement extérieur à l'univers du management, même lorsque celui-ci est conçu de façon à la fois profonde et ouverte sur les autres.

Les paradoxes sont souvent riches de sens : ayons la volonté de les cultiver et de faire résonner en nous l'harmonie des contraires. Car la musique n'est pas seulement le terrain de l'émotion et de l'ineffable, mais aussi celui de l'action qu'elle sous-tend et anime. Elle nous invite à sillonner bien d'autres pistes tout aussi précieuses telles que la nuance, la durée, l'accord, l'harmonie, le cycle, le rythme ou encore le silence. Ce sont ces voies que nous nous efforcerons d'explorer, sans perdre de vue l'aspect central qui est de nourrir l'action, lui donner du sens, de l'épaisseur, de la durée. La musique nous y aide d'autant plus qu'elle est elle-même jeu et mouvement, autrement dit une action instantanée dans laquelle le moment compte bien plus que l'avant et l'après, bien plus que l'intention du compositeur et l'impression qu'en retire l'auditeur ; elle est une sorte de « tout se joue en jouant », un moment précieux où tout se traduit, tout s'exprime dans l'instant. Après tout, le manager doit lui aussi donner du sens à chaque instant ; diriger est un mouvement perpétuel.

Puisse cet ouvrage aider chaque manager à devenir un peu plus « musicien », goûtant bien sûr les charmes de la musique, mais encore tirant d'elle la matière d'une réflexion-action renouvelée et approfondie. Une action précisément marquée par le charme, une de ces qualités fragiles qui, comme l'humour, l'intelligence ou la modestie, n'existent que dans la parfaite innocence et dans la non-connaissance de soi.

Voici venu le moment de dire, avec Angelus Silesius[1] :

« Ce que je suis, je ne le sais pas ; et ce que je sais, je ne le suis pas. »

De cet « actif incorporel » il n'y a donc pas discours, sauf par défaut : le charme est inexplicable. Le charme, en tant que qualité

---

1. Angelus Silesius, à l'instar des grands mystiques, mine soigneusement les tentatives d'approche intellectuelle ou religieuse qui consistent, peu ou prou, à s'approprier le Dieu de son choix. Il considère que la création est un jeu et que la créature n'est qu'un jouet entre les mains de Dieu. Cette certitude réduit nos efforts à néant ; il faut s'abandonner, lâcher prise, rendre les armes et plonger courageusement dans ce Rien qui s'ouvre sous nos pas maladroits et inconstants. Silesius, qui a peut-être lu Jean de la Croix (« Un je ne sais quoi que l'on atteint d'aventure »), résume brutalement le non-objet de l'intériorité mystique. Qu'est-ce que l'éternité ? Ni ceci, ni cela, ni maintenant, ni chose, ni rien, c'est un « je ne sais quoi ».

simple, est irréductible au concept, indéductible d'un autre concept. Le charme de la musique est indivisible, indéfinissable, inexprimable. Ajoutons qu'il est à la fois indicible (il n'y a rien à en dire) et ineffable (il y aurait tout à en dire, mais avec quels mots ?). Quelle que soit la notion connexe qu'on lui assigne (par exemple la grâce, le naturel ou la simplicité), il est toujours autre chose, pour la bonne raison qu'il n'est pas une « chose ». En soi, il n'est rien : fait de rien, comme on dit, il est lui-même un pur Rien. Toujours autre que ce qu'il est, comme la liberté, le mouvement et la vie, il est aussi toujours ailleurs.

Le management musicien s'intéresse justement à ce Rien, à ce « presque rien » dont nous parle le philosophe. Peut-être le management n'est-il fait que de cela, d'une succession infinie de Riens, un sourire ou un regard, ou encore la chaleur d'une poignée de main, qui font que le charme opère ? Une succession de détails, en somme, mais chacun a son importance… Expliquer, certes, reste nécessaire, la raison est d'ailleurs là pour nous y aider. Convaincre, c'est-à-dire au fond, charmer, vient « en plus ». Ainsi, la légitimité porteuse de sens, le nécessaire ré-enchantement des collaborateurs sont faits d'un Tout logique et d'un Rien charmant. Les dirigeants pensent toujours au Tout logique. Songent-ils assez que communiquer en profondeur demande de prêter attention à l'ineffable ?

Médium extraordinaire, fluide, harmonieux, la musique fascine ; il est souhaitable qu'elle puisse inspirer le manager : tel est le propos de cet essai insolite qui démêle les divers éléments qui constituent la musique, en montrant qu'ils sont autant de pistes précieuses pour mieux manager. La musique, nous rappelle encore Vladimir Jankélévitch, « n'a pas d'idées à accorder logiquement les unes avec les autres, l'harmonie musicale est moins synthèse rationnelle des opposés que symbiose irrationnelle des hétérogènes ». Il existe tant d'hétérogénéité dans l'entreprise qu'il serait dommage d'ignorer cette voie originale pour la gérer. Le manager musicien se nourrit du charme indéfinissable de la musique, de ce Rien qui peut changer tout dans sa vie et dans celle de son entreprise. N'oublions jamais ce Rien-là !

Comment aborder cet ouvrage ?

Après une tentative de définition de la musique, nous inviterons le lecteur, dans le premier chapitre, à parcourir rapidement l'histoire de la pensée qui a vu tour à tour dans la musique une source de distraction et de recueillement. Ce détour historique permet d'étudier les phases successives de ce dialogue entre le monde des idées et celui des notes. Il s'impose car après avoir été tenue à l'écart de la pensée raisonnable, la musique devient au fil des siècles un précieux compagnon de ladite pensée, puis la source originelle de l'émotion et du sens, précédant et dépassant la pensée rationnelle. De Platon à Schopenhauer, le chemin parcouru est long : nous savons désormais que la musique vaut bien plus que le bruit d'ambiance et l'agréable divertissement auxquels on la confine trop souvent de nos jours.

Ensuite, dans le deuxième chapitre, nous traitons de la matière dont est faite la musique, des ingrédients qui la constituent. Autour des sept grands axes du management, nous développons des thèmes d'origine musicale dont nous verrons qu'ils ne sont pas de simples métaphores, tissant des liens permettant de faire du manager rationnel un manager musicien. Chacun d'entre eux, une fois transposé dans la vie de l'entreprise, apporte une contribution dès lors que l'on s'efforce de promouvoir un management porteur de sens. Grâce à la musique, le manager musicien se révèle à lui-même, maîtrise ses émotions, apprend à improviser dans la discipline, fait en sorte de se situer dans la durée et dans l'espace et affine sa réflexion sur les vertus comparées du langage et du silence. Le sujet, à dire vrai, est inépuisable tant la musique nous invite à une réflexion sur le triple sujet de la diversité, de l'apprentissage et du leadership.

Enfin, un ouvrage situé aux confins de l'entreprise et de la musique ne peut ignorer la réalité de l'orchestre. À vrai dire, le sujet est difficile à éviter tant la métaphore de l'entreprise-orchestre est devenue le dernier sujet à la mode, notamment en ce qui concerne les rôles respectifs du chef d'entreprise et du chef d'orchestre. Nous essaierons d'abord de mettre en évidence les leviers communs aux deux univers : donner l'impulsion, laisser faire la régulation, écouter avant d'agir tout en étant rigoureux et exigeant sont quelques-unes des préoccupations partagées, d'autant que l'univers de l'orchestre se plaît à s'analyser comme… une entreprise artistique. Mais pousser trop loin la comparaison serait hasardeux : le sens de l'interprétation, les notions de langage et de geste, de jeu et de travail, ainsi que le rapport au temps diffèrent et interdisent toute superposition hâtive. Tisser des liens entre l'entreprise et l'orchestre est une tâche louable à condition de commencer par respecter l'identité propre à chaque entité.

Chapitre 1

La musique à travers l'histoire : entre méfiance et admiration

« Qu'est-ce que la musique ? »,

demandait-on un jour à un compositeur.

« Si on me le demande, je ne sais pas »,

répondait-il.

Qu'est-ce que la musique ?

Comment définir la musique ? L'entreprise n'est pas facile ; car si le management est volontiers friand de définitions « rationnelles », même si elles ont leurs limites, le musicien, lui, peut très bien se passer d'une définition de la musique. Après tout, il se passe bien des mots… Comme le dit le philosophe et musicologue Bernard Sève[1] :

« Pour le musicien, la musique forme un monde à part, le monde de la musique, dans lequel il œuvre, monde qu'il sillonne, dans lequel il entre et sort ad libitum. *Or, un monde ne se soutient nullement d'une définition ; un nom propre y suffit, et celui de Musique suffit amplement au musicien. Le musicien se souciera bien sûr de comprendre ce monde singulier, ce qui le compose, de quoi se soutient sa consistance propre de monde, comment "il marche" comme monde, etc. »*[2]

Le musicien, hostile à une définition de son art ou de son univers, va en effet évaluer celle-ci comme une « notion stérile qui ne colle pas à sa réalité musicienne, qui n'a pas prise sur sa pratique en intériorité ». Bref, le musicien, face à une telle volonté de tout décrire qui lui vient de la philosophie, va nécessairement adopter un point de vue anti-philosophique : il préfère faire de la musique que passer son temps à la commenter ! C'est sans doute ce que devait se dire Mozart lorsqu'il composa la sonate K 545, en apparence si simple :

---

1. Bernard Sève enseigne la philosophie en khâgne au lycée Louis-le-Grand. Il a publié *Question philosophique de l'existence de Dieu* (PUF, 1994) et de nombreux articles d'histoire de la philosophie, notamment sur la poétique d'Aristote, Montaigne, Pascal et Hans Jonas.
2. Conférence de François Nicolas à propos du livre de Bernard Sève, *L'altération musicale*, Ircam, janvier 2004.

Que tout ceci ne nous empêche pas cependant de tenter une définition : la musique se présente comme une combinaison de sons issus généralement d'instruments, utilisant les vibrations naturelles ou les sons de synthèse, sons organisés par un compositeur ou un instrumentiste improvisateur selon un rythme dont l'ensemble est consciemment produit dans le but de paraître agréable, émouvant, ou au contraire cacophonique, suivant les goûts musicaux de l'auditeur.

De fait, la musique est un art, et comme telle, le fruit d'une intuition créatrice, faisant intervenir en particulier *l'imagination, le temps* et *l'émotion*. Nous reviendrons longuement sur ces trois notions. C'est donc autant au compositeur qu'aux intellectuels ou à tout autre amateur que revient la lourde tâche de répondre à cette question, sans confondre le fond et la forme, le son et le sens, le temps et la durée, l'espace et l'étendue…

On peut aussi parler de musique lorsque ces sons proviennent de la nature (chants d'oiseau, ruissellement de l'eau) ou d'objets non musicaux (cliquetis de chaîne, bruits de machine ou de train).

Quelle que soit la définition retenue, il faut partir de la musique, car celle-ci est étrangère aux concepts, elle est même au-dessus des concepts. La musique, en effet, n'est pas de l'ordre de la connaissance mais de la conscience d'où émane la connaissance. Or, les philosophes, partant de la connaissance (logique, mathématique, métaphysique ou connaissance de phénomènes donnés à la vue), se sont rendus sourds à la musique. Comme le dit Michel Cornu[1], la

---

1. Michel Cornu, article « Temps et Musique », *www.contrepointphilosophique.ch*

musique produit ce qu'aucune connaissance intellectuelle ne saurait nous donner : la réconciliation de l'affectivité la plus profonde et de la pensée la plus lucide. Entendons-nous bien : la musique n'est pas l'expression des sentiments à l'état brut comme peuvent l'être les pleurs ou les rires. Ces sentiments sont transformés en musique, justement, par un travail de la pensée. Mais la pensée n'est pas à confondre avec la connaissance. Cette dernière définit, délimite des territoires, alors que la pensée nous donne d'approcher le rivage de ce qui ne se laisse pas connaître. Voilà qui devrait intéresser le monde du management.

Activité de la pensée et passivité des sentiments sont unis dans la musique. Or, le temps est à la fois ce que l'on subit — aucun d'entre nous, bien entendu, n'échappe au temps qui passe —, et ce que l'on élabore et transforme. Ainsi, dans l'entreprise, mettre en mouvement une stratégie, faire vivre une nouvelle structure ne peut se faire que dans le temps. Le « tout va très vite » du technicien s'affronte au « tout demande du temps » du sociologue.

La musique : distraction ou recueillement ?

Même s'ils ont souvent échoué à la définir, les grands penseurs n'ont jamais été avares de commentaires sur les vertus et maléfices prêtés à la musique.

La musique, entre mythes et symboles

Sans remonter à la préhistoire, Homère parle de la musique en termes laudatifs : le musicien « homérique » apaise la colère d'Achille, chante pour le plaisir des auditeurs. Dans le royaume d'Ithaque, il n'est pas de fête sans musicien. Et *L'Iliade* ou *L'Odyssée* pourraient se lire comme de longs cheminements où la musique accompagne les états d'âme de leurs héros.

Les théories pythagoriciennes de la musique fournissent un autre point de départ commode. En effet, en travaillant la notion d'*ethos,* autrement dit de « règle », Pythagore s'est efforcé, au VIe siècle avant J.-C., de faire de la musique un élément de la formation de l'enfant (la pratique musicale comme idéal éducatif) en formulant un principe d'équivalence entre grammaire musicale et émotions du corps, approche qui sera approfondie par Aristote.

Un siècle après Pythagore, Damon d'Athènes, conseiller politique de Périclès, expose à son tour dans son *Aréopagitique* son projet d'édification morale par la musique. Au-delà des modes musicaux (dorien, phrygien, lydien…) incarnant les états d'âme individuels, Damon d'Athènes insiste pour ne pas en rester là. Analysant le rapport entre musique et politique, il remarque que les modes musicaux sont en rapport direct avec les couleurs nationales, et qu'un principe d'équivalence les relie à la *nature même* des régimes politiques (démocratique, oligarchique, tyrannique). D'où les vertus politiques que l'on peut en tirer : un usage raisonné de la musique est alors érigé en principe de gouvernement.[1]

---

1. Voir sur ces références historiques et les suivantes le riche article de Denis Laborde : « Des passions de l'âme au discours de la musique », revue *Terrain* n° 22, mars 1994, *http//terrain.revues.org/document3087.html*

Une méfiance légendaire

Derrière les éloges des Anciens se dissimule une méfiance tenace à l'égard de la musique. La situation est-elle due au fait qu'Apollon, dieu de la musique, était représenté sous les traits d'un beau jeune homme jouant de la lyre, dirigeant le chœur des Muses et se vengeant de ses rivaux comme Midas et le satyre Marsyas ? La grande beauté de cette divinité et son talent ne lui permettaient-ils pas de séduire les nymphes comme Daphné, des femmes comme Coronis et Cassandre, des hommes comme Hyacinthos et Cyparissos ? Nos grands mythes seraient-ils musicaux ? Comment ne pas songer ici à l'enchantement orphique, à la supériorité prêtée à l'*aulos* sur la lyre ? Entre la flûte dionysiaque et la lyre apollinienne, opposées par Aristote, nos Anciens avaient donc une alternative pour persuader leur prochain ; du moins ceux d'entre eux qui choisissaient de charmer et non de dompter par le fouet ou les armes. Mais ces charmes-là pouvaient avoir quelque chose d'ambigu.

Platon

Plus près de nous, Platon est le premier grand philosophe à avoir assez longuement parlé de la musique. Celle-ci est décrite dans la *République* comme une partie essentielle de l'éducation, allant de pair – curieusement – avec la gymnastique. Dans les deux cas, il s'agit de communiquer à l'enfant un sens de l'ordre et de la mesure qu'il ne possède pas naturellement. On le fera donc chanter et danser selon certains rythmes et certaines tonalités, lesquels, la chose est notable, devront être toujours les mêmes. Le modèle se trouve en Égypte, censée avoir conservé, dans ses rites et ses fêtes, les mêmes musiques depuis dix mille ans.

Cette démarche conservatrice a pour but de discipliner la jeunesse en « ancrant » son âme dans le sol fixe des Idées. Comme les enfants n'ont pas encore atteint l'âge de raison, ils ne peuvent saisir directement les essences ; mais, en habituant les âmes au rythme et à l'harmonie propres à la musique, on leur donne un aperçu des essences, ce qui les prémunit contre les caprices de leur « subjectivité ». Ainsi, avant même que leur intelligence ne soit formée, ils sont préparés par la musique à découvrir la philosophie, laquelle est évidemment, avec les mathématiques et la dialectique, la seule nourriture vraiment solide de l'esprit. La musique, en un mot, est bonne pour les enfants, mais elle n'est bonne que pour eux. Elle est plus une sorte de propédeutique qu'une occupation sérieuse de l'esprit. Aussi les musiciens, comme en général les artistes, seront-ils chassés de la cité idéale ou cantonnés dans des fonctions inférieures.

Le philosophe grec nous léguera ainsi son soupçon légendaire à l'endroit des pouvoirs de cet art. Et, même s'il lui reconnaît la faculté de rétablir parfois l'harmonie de l'âme perturbée par le corps, il n'y va pas de main morte. Dans le *Gorgias*, Socrate s'efforce d'opérer une distinction franche entre les professions soucieuses de pourvoir au plus grand bien de l'âme et celles qui relèvent de la seule flatterie. Au rang de ces dernières : le joueur de flûte, le joueur de cithare dans les concours, l'instruction des chœurs, la composition des dithyrambes. Le voici qui interroge Calliclès :

« Ne te semble-t-il pas que toute poésie citharédique et dithyrambique ait été inventée en vue du plaisir ? »[1]

Pour lutter contre pareil dévoiement, il convient d'ôter à toute poésie la mélodie, le rythme et le mètre, de sorte qu'il ne reste autre chose que des discours. Une vie sans musique en somme… Toute musique lyrique serait donc à proscrire de la Cité en ce qu'elle risquerait de faire « régner plaisir et douleur au lieu des lois ».[2] Une telle suspicion tend à ici à l'éviction : non seulement la musique n'est pas inscrite dans la loi, mais elle se situe hors des lois. L'influence platonicienne ne manquera pas de laisser des traces.

Saint Augustin

La méfiance platonicienne à l'égard de la musique trouve son prolongement dans une certaine tradition spirituelle, notamment

---

1. Platon (428-348 av. J.-C.), *Gorgias*, Garnier Flammarion, 1967.
2. Platon, *La République*, Garnier Flammarion, 1966.

chrétienne, illustrée en particulier par Saint Augustin. En témoigne ce passage du dixième livre des *Confessions*, qui atteste de cet effort séculaire engagé par l'institution ecclésiastique pour juguler le déferlement des émotions et canaliser en prière à Dieu ces coupables agitations de l'âme :

« Les plaisirs de l'ouïe m'avaient enveloppé et subjugué plus tenacement, mais vous m'avez délié et libéré. Je me plais maintenant encore, je l'avoue, aux chants qu'animent vos paroles, lorsqu'ils sont exécutés par une voix agréable et savante, sans toutefois me laisser lier par eux et tout en gardant la liberté de me lever, quand je le veux. Pour être admis en moi avec les pensées mêmes qui les vivifient, ils cherchent dans mon cœur une place digne d'eux ; mais j'ai peine à leur en trouver une qui leur convienne. Parfois je crois leur accorder plus d'honneur que je ne devrais : je me rends compte que ces paroles saintes, accompagnées de chant, m'enflamment d'une piété plus religieuse et plus ardente que si elles étaient sans accompagnement. C'est que toutes les émotions de notre âme ont, selon leurs caractères divers, leur mode d'expression propre dans la voix et le chant, qui par je ne sais quelle mystérieuse affinité les stimulent. Mais le plaisir des sens, par quoi il ne faut pas laisser énerver l'âme, me trompe souvent : la sensation ne s'en tient pas à accompagner la raison en la suivant modestement, mais elle qui tient de la raison tous ses titres à être admise cherche à la précéder et à la conduire. C'est en cela que je pèche à mon insu ; j'en prends conscience après coup. D'autres fois je me défie exagérément de ce piège, et je m'égare par trop de sévérité : c'est au point qu'en ces moments où je voudrais à tout prix éloigner de mes oreilles, et de celles de l'Église même, la mélodie de ces suaves cantilènes qui servent d'habituel accompagnement aux psaumes de David. Alors je crois plus sûre la pratique qui fut celle d'Athanase, l'évêque d'Alexandrie. Je me souviens d'avoir souvent entendu dire qu'il les faisait réciter avec de si faibles modulations de voix que c'était plutôt une déclamation qu'un chant. Cependant, lorsque je me rappelle les larmes que je versais en écoutant les chants de votre Église aux premiers jours de ma conversion,

et maintenant encore ce n'est pas à vrai dire le chant qui m'émeut, mais les paroles chantées, lorsqu'elles le sont par une voix pure avec des modulations appropriées, je reconnais de nouveau la grande utilité de cette institution. Ainsi je flotte entre le danger du plaisir et la constatation des bons effets qu'elle opère ; et, tout en me gardant d'un avis irrévocable, je penche à approuver la coutume du chant dans l'église, afin que, par le charme des oreilles, l'âme encore trop faible s'élève aux sentiments de la piété. D'ailleurs, quand il m'arrive d'être plus ému du chant que des paroles chantées, j'avoue que mon péché mérite pénitence, et alors je préférerais ne pas entendre de chants. »[1]

Saint Augustin oscille entre les « dangers » du plaisir et le constat des bons effets qu'opère la musique sur nos âmes. La musique embellit certes la prière, mais elle jette tout de même un trouble. Faut-il alors chanter ou ne pas chanter ? Tous comptes faits, le théologien-philosophe opte pour la pratique du chant, tout en formulant de sourcilleuses recommandations permettant de distinguer psalmodie, cantillation[2] et hymne, afin de préciser les modalités des dialogues chantés pendant l'office et d'en préserver la saveur spirituelle.

L'histoire de la musique religieuse pourrait se résumer en un effort incessant pour canaliser l'émotion et endiguer la jouissance perturbatrice. Sensible à la musique, Saint Augustin convient à l'avance de la maîtriser, en disposant que tel ou tel chant, telle ou telle façon de chanter sont propices ou non à la prière. L'évaluation de la pertinence de ces choix s'assimile à un exercice jurisprudentiel pour le moins subtil et subjectif.

---

1. Saint Augustin (354-430 après J.-C.), *Confessions*, Garnier Flammarion, 1964, Livre X, ch. XXXIII.
2. Intonation intermédiaire entre la voix parlée (ou voix continue) et la voix chantée, la cantillation modère les « effets » du chant sur l'auditeur et l'invite à se concentrer sur le récit plus que sur la musique.

L'émotion musicale

Aristote

Aristote fait pencher le balancier dans l'autre sens. Certes, ce penseur opère une distinction entre le mode « phrygien », que nous appellerions de nos jours musique de « variétés », et le mode « dorien », équivalent de notre musique « classique ».

La musique « phrygienne » est la musique des courtisanes, des joueuses de flûte et des tripots où le peuple aime à se reposer après le travail. Elle est l'autre face de l'univers du travail : pas de travail sans repos réparateur, pas de détente sans musique. Elle s'adresse à des âmes et des corps épuisés qui n'ont pas d'énergie pour se lancer dans une activité quelconque de l'esprit. Aussi les variétés ne contiennent-elles rien qui exige un effort. C'est une musique qui « détend » l'âme mais ne la nourrit pas.

À l'opposé de cette musique d'esclaves, la musique « dorienne » est celle des hommes libres, ceux qui disposent de loisirs. Ceux-là ont l'énergie nécessaire pour se livrer aux activités libérales : administrer la cité, pratiquer la science, contempler les essences. Il est de première importance de les préparer dans leur jeunesse à cette contemplation en leur faisant écouter la musique dorienne, d'accès « difficile » mais dotée d'un riche contenu substantiel. C'est l'accès à ce contenu qui récompense le mélomane de ses efforts. En écoutant la musique classique, il découvre des essences du monde jusque-là inconnues de lui. À la différence de ce que nous disait Platon, Aristote[1] pense donc que la musique est d'emblée et de plein droit philosophique.[2]

Il est logique qu'Aristote s'intéresse à l'émotion musicale dans une toute autre optique, radicalement différente de celle de Platon. Selon lui, l'émotion musicale peut et doit jouer un rôle de catharsis.

---

1. Aristote (384-322 av. J.-C.).
2. Voir l'article de Philippe Nemo dans *Monde de la musique*, n° 288, juin 2004, *www.contrepointphilosophique.ch*

« La pitié, la crainte, l'émotion sont des émotions connues de tous à des degrés divers ; en quelques-uns elles ont un fort retentissement, en d'autres moins. Mais ceux qui sont fortement agités, lorsqu'ils entendent des chants sacrés qui transportent l'âme hors d'elle-même, se trouvent remis d'aplomb ou purifiés. Le même traitement vaut pour la pitié, la terreur, ainsi que pour tous les sentiments et émotions dont nous avons parlé qui peuvent apparaître en chacun d'eux à l'occasion : il se produit toujours en eux une purgation et un allégement accompagné de plaisir. »[1]

Sans pousser trop loin la comparaison des positions de Platon et d'Aristote (le manager musicien gagnera, selon nous, à se ranger du côté d'Aristote, tout simplement pour « se remettre d'aplomb » et connaître cet « allègement accompagné de plaisir » dont il est question ici), disons qu'elles traduisent un souci commun d'éprouver et de gérer l'émotion ressentie à l'écoute de l'*aulos* ou des chants sacrés.

Nos deux penseurs tentent de décrire une expérience commune, familière. Fût-ce en des termes contraires, l'un et l'autre s'emploient à expliquer le lien intrinsèque qui unit musique et émotion. L'émotion serait, au fond, cette trace qui reste quand se tait le discours musical : contact possible avec un au-delà, comme l'inspire l'œuvre sacrée de Bach ? Expression et connaissance de soi à travers l'expérience esthétique de l'œuvre, comme le suggèreront les Romantiques ? Description directe de la nature et du réel à partir du XXe siècle ? Dans ces trois cas, l'émotion musicale serait une manière de « dire », plus exactement de ressentir, ce qu'au fond nous sommes, ce vers quoi nous tendons, à travers l'expérience musicale.

Descartes

Avançons dans le temps : jusqu'à la révolution cartésienne du XVIIe siècle, l'harmonie servira à exprimer l'harmonie du *cosmos* ; elle possède une fonction ontologique que n'aurait pas renié Saint

---

1. Aristote, *Politique*, Vrin, 1962.

Augustin. Avec Descartes, l'harmonie, grâce à la physique des passions, va désormais exprimer les états d'âme du *sujet*. Dans l'introduction de son *Abrégé de musique* (1618), il rappelle que la fin de la musique « est de plaire et d'émouvoir en nous des passions variées »[1].

De la même façon, Marin Mersenne, religieux érudit du XVIIe siècle[2] et théoricien de la musique publie une œuvre monumentale, *L'Harmonie Universelle* (1636), rédigée en sollicitant les conseils et informations de nombreux experts contemporains, et représentant la somme des connaissances de son époque. Dans la mouvance de Descartes, il y fait de l'accent musical le lieu de l'émotion.

Le compositeur français Jean-Philippe Rameau[3], auteur d'un *Traité de l'harmonie réduite à ses principes naturels* et d'une *Musique raisonnée*, se plaint notamment de ce que les enseignements des Anciens soient perdus et que l'on tâtonne au lieu de rechercher dans l'harmonie le principe par lequel on peut fonder la musique « en raison » :

« *La musique est une science qui doit avoir des règles certaines ; ces règles doivent être tirées d'un principe évident, et ce principe ne peut guère nous être connu sans le secours des mathématiques.* »

Et d'ajouter :

« *Enfin, je vais voir que, faute d'avoir connu la basse fondamentale, la raison et l'oreille n'ont encore pu s'accorder dans la musique : non que cette remarque puisse diminuer le mérite de nos grands musiciens ; je crois au contraire qu'elle doit servir à le relever, puisque malgré les mauvais principes qu'ils ont reçus de leurs premiers maîtres, ils ont porté leur art à un très haut degré de perfection.* »[4]

Il s'agit là clairement pour Rameau d'élaborer une rationalité de la musique qui soit à la hauteur des nouvelles exigences cartésiennes

---

1. René Descartes (1596-1650), *Abrégé de musique*, PUF, 1987.
2. Célèbre pour ses travaux mathématiques sur les nombres premiers.
3. 1683-1764.
4. Jean-Philippe Rameau, *Nouveau système de musique théorique*, Zurfluh, 1996.

en matière de raison. En assumant le nouveau conditionnement par la philosophie de Descartes, Rameau invente non seulement une nouvelle théorie musicale mais surtout une nouvelle manière de théoriser la musique, une nouvelle acception de ce que peut et doit être une théorie musicale. Rameau réalisera cette révolution grâce à une écriture musicale très complexe, mêlant esthétique du plaisir et esthétique de cour, conception à laquelle s'oppose Rousseau, le défenseur de la mélodie populaire à l'italienne, contre la musique française jugée trop intellectuelle. La polémique est relancée. Elle nous renvoie à ces querelles vieilles déjà d'un siècle, où l'on combattait par traités interposés pour savoir enfin laquelle de la langue italienne ou de la langue française était la plus apte à peindre en musique nos sentiments et nos passions.

Claude Debussy[1] vouait une grande admiration à ce maître trop souvent méconnu de l'harmonie des sons :

« Le besoin de comprendre — si rare chez les artistes — est inné chez Rameau. N'est-ce pas pour y satisfaire qu'il écrivait un Traité *de l'harmonie, où il prétend restaurer les droits de la raison et veut faire régner dans la musique l'ordre et la clarté de la géométrie [...] il ne doute pas un instant de la vérité du vieux dogme des Pythagoriciens [...] la musique entière doit être réduite à une combinaison de nombres ; elle est l'arithmétique du son, comme l'optique est la géométrie de la lumière. On voit qu'il en reproduit les termes, mais il y trace le chemin par lequel passera toute l'harmonie moderne ; et lui-même. »*

Rousseau

Jean-Jacques Rousseau[2] réitère dans son *Essai sur l'origine des langues*[3] ce principe bientôt érigé en précepte par lequel une émotion s'ancre en une expérience musicale : le principe d'imitation.

---

1. 1862-1918.
2. 1712-1778.
3. J.-J. Rousseau, *Essai sur l'origine des langues*, Folio Essais.

« Comme donc la peinture n'est pas l'art de combiner des couleurs d'une manière agréable à la vue, la musique n'est pas non plus l'art de combiner des sons d'une manière agréable à l'oreille. S'il n'y avait que cela, l'une et l'autre seraient au nombre des sciences naturelles et non pas des beaux-arts. C'est l'imitation seule qui les élève à ce rang. Or qu'est-ce qui fait de la peinture un art d'imitation ? C'est le dessin. Qu'est-ce qui de la musique en fait un autre ? C'est la mélodie. »

Posant pour principe qu'en « cultivant l'art de convaincre, on perdit celui d'émouvoir », Rousseau, selon l'habitude qu'on lui connaît, part en croisade. Il prône la primitive énergie contre les impressions physiques, l'accent oral contre les complexités harmoniques, la douceur du cœur contre le bruit à l'oreille ; en d'autres termes, il fait l'éloge de la mélodie au détriment de l'harmonie :

« Voyez comment tout nous ramène sans cesse aux effets moraux dont j'ai parlé, et combien les musiciens qui ne considèrent la puissance des sons que par l'action de l'air et l'ébranlement des fibres sont loin de connaître en quoi réside la force de cet art. Plus ils le rapprochent des impressions purement physiques, plus ils l'éloignent de son origine, et plus ils lui ôtent aussi de sa primitive énergie. En quittant l'accent oral et s'attachant aux seules institutions harmoniques, la musique devient plus bruyante à l'oreille et moins douce au cœur. Elle a déjà cessé de parler ; bientôt elle ne chantera plus, et alors avec tous ses accords et toute son harmonie, elle ne fera plus aucun effet sur nous. »[1]

Aristote, Descartes, Rousseau : on voit bien que des efforts ont été engagés de longue date afin d'instaurer un rapport d'équivalence entre musique et émotion, de sorte que l'expression « émotion musicale » apparaît à bien des égards comme un pur pléonasme. Désormais, la musique exprime exclusivement les affres du sujet moderne. Mais n'allons pas trop vite en besogne car,

---

1. *Ibid.*, 101.

tandis que certains se livrent à l'éloge de l'émotion et du sujet, d'autres penseurs de l'époque continuent d'adopter une position réservée à l'égard de la musique.

La musique et le concept

Kant

Emmanuel Kant[1] mérite sans doute la mention spéciale du philosophe le plus réfractaire à la musique de tous les temps. Auteur, dans la *Critique de la faculté de juger*, de l'admirable « analytique du beau » (« le beau est ce qui plaît universellement sans concept ») et de la non moins admirable « analytique du sublime » (« le sublime est ce qui est grand au-delà de toute comparaison »), il en exclut simplement la musique, ravalée au rang d'activité purement « sensible ». Merci pour elle ! Et Kant d'écrire sur la musique ces lignes stupéfiantes :

La musique « *produit une agréable jouissance personnelle. En revanche, si l'on estime la valeur des beaux-arts d'après la culture qu'ils procurent à l'âme, et si l'on prend pour critère l'extension des facultés qui doivent coïncider dans le jugement pour produire des connaissances, la musique sera reléguée au dernier rang des beaux-arts [...]. De ce point de vue, les arts de l'image la dépassent largement [...]. D'autre part, on peut imputer à la musique un certain manque d'urbanité, car [...] ses effets dépassent la limite qu'on voudrait leur assigner (et s'étendent jusqu'au voisinage), et elle s'impose en quelque sorte, portant préjudice à ceux qui n'appartiennent pas à la société de musique ; ce qui n'est pas le cas des arts qui s'adressent à l'œil, puisqu'on peut toujours détourner son regard [...]. Ceux qui ont recommandé qu'on chante des cantiques à l'occasion des dévotions domestiques n'ont pas réfléchi à la pénible incommodité que ces exercices bruyants font subir au public... ».[2]*

---

1. 1724-1804.
2. Kant, *Critique de la faculté de juger*, § 53, cité dans *www.contrepointphilosophique.ch*

Ne comptons donc pas sur Kant pour nous aider à percer les mystères de l'art d'Orphée.

Hegel

De ce point de vue, on pourrait qualifier l'interprétation de Georg Wilhelm Hegel[1] sur la musique comme une interprétation de « juste milieu » : il résiste à la tentation de se livrer pieds et poings liés à la fascination de la musique et à son pouvoir émotionnel, tout en lui accordant une validité dans son ordre.[2]

La musique exprime « *tous les sentiments particuliers, toutes les nuances de la joie, de la sérénité, de la gaieté spirituelle et capricieuse, l'allégresse et ses transports, comme elle parcourt tous les degrés de la tristesse et de l'anxiété. Les angoisses, les soucis, les douleurs, les aspirations, l'adoration, la prière, l'amour deviennent le domaine propre de l'expression musicale [...]. Mais l'art ne donne plus cette satisfaction des besoins spirituels que des peuples et des temps révolus cherchaient et ne trouvaient qu'en lui. Les beaux jours de l'art [...] sont passés [...]. L'art a perdu pour nous sa vérité et sa vie.* »[3]

Ce souci du juste milieu apparaît dans les considérations que Hegel développe à propos des rapports entre le texte et la musique. De manière générale, la question est de savoir s'il est justifié de vouloir accompagner la musique par un texte.

Est-ce qu'en accompagnant la musique par un texte on ne dénature pas la musique ? Est-ce qu'on ne dénature pas non plus le texte ? Ne s'agit-il pas d'une alliance contre nature d'un point de vue comme de l'autre ?

---

1. 1770-1831.
2. Alain Patrick Olivier, « Hegel et la musique », conférence de Vincent Stanek, Ircam, 27 novembre 2004.
3. Hegel, *Leçons d'esthétique*, Hatier, 2002.

De ce point de vue, la position moyenne de Hegel se vérifie dans le fait qu'il y a, selon lui, un équilibre à trouver entre le texte et la musique, de sorte que la musique n'écrase pas le texte et réciproquement, que le texte n'étouffe pas la musique. Cet équilibre est conforme à la visée moyenne de Hegel, faisant de la musique un art profondément humain, un « art heureux ». La position de Hegel est également marquée par son attention à la réception de la musique par le spectateur : la musique est un « être » pour autrui, il n'y a pas de sens à parler de musique sans spectateur, et il n'y a pas non plus de sens à parler de la musique sans l'être humain qui la produit. D'où, chez Hegel, une notable insistance sur les phénomènes vocaux. Pour lui, il y a un privilège à accorder à la voix, position hégélienne que nous pouvons interpréter de deux façons : ou bien insister sur la présence de l'émotion esthétique plutôt que sur le contenu du texte (tentation qui n'est pas sans s'emparer d'un auditeur qui écoute d'abord la musique dans un *Lied* de Schubert) ; ou bien, en sens inverse, signifier que la musique n'a pas pour objet de signifier un concept mais a plutôt pour simple destination de témoigner d'une présence.

On ne peut pas en demander plus à un penseur connu pour le privilège qu'il a toujours accordé au concept ! Pour Hegel, la musique doit être située à sa juste place : elle n'est pas le concept, elle n'est pas la poésie. Elle n'aura jamais la précision du concept ni la clarté du langage. La musique, et c'est déjà pas mal, s'interpose entre la pesanteur de la réalité et la hauteur des concepts.

La musique comme art suprême

Schopenhauer

En s'intéressant à la musique, Arthur Schopenhauer[1], qui inspira fortement Wagner, met du même coup en question le monde de la représentation. Elle nous apprend, nous dit-il, l'inexistence relative du monde de la représentation. Ainsi, lorsqu'il écrit : « La musique

----

1. 1788-1860.

est un exercice de métaphysique inconscient dans lequel l'esprit ne sait pas qu'il fait de la philosophie », il nous enseigne que faire de la musique, ou en écouter, c'est déjà faire de la philosophie, s'interroger sur le commencement et la fin des choses. Il s'agit de s'oublier soi-même et de ramener la musique vers les profondeurs ontologiques du destin humain, au-delà de l'univers du discours. Arrêtons-nous un instant sur ce philosophe car il joue un rôle primordial dans les rapports entre la musique et la pensée.

À deux types de connaissance correspondent, selon notre auteur, deux aspects fondamentaux sous lesquels se présente le monde : représentation et volonté, c'est-à-dire connaissance de l'objet et connaissance du sujet.

Du point de vue de la **représentation**, qui est soumise au « principe de raison », c'est-à-dire à l'espace et au temps ainsi qu'à la causalité, le monde se présente comme une *pluralité* de phénomènes et d'objets.

Du point de vue de la **volonté**, le monde a une *essence unique* dont les phénomènes sont autant de manifestations. Le monde intérieur est volonté. Cette volonté est aussi bien la force qui agit dans la nature que le désir ou l'intention raisonnable en l'homme ; ce ne sont pas les motifs qui nous font agir mais le vouloir. Avant de se manifester dans les divers phénomènes, de s'exprimer dans la multiplicité des individus, la volonté s'exprime dans des formes éternelles, immuables, qui n'entrent pas dans l'espace et dans le temps et que ce philosophe appelle les « Idées ».

Les arts sont classés selon leur degré de libération par rapport à la matérialité et à la nécessité naturelle. S'établit donc une hiérarchie en fonction de leur densité matérielle : en bas de l'échelle, on trouve l'architecture étroitement soumise à la pesanteur, puis la sculpture et la peinture et la poésie puis la tragédie. La musique est l'art le plus élevé, elle ne se situe pas dans la série des arts qui ne sont que l'imitation des Idées et donc les premiers degrés d'objectivation de la volonté. Le musicien, lui, remonte *directement* à la volonté en se passant des représentations. Toute musique est une sorte de monde possible global en communication directe avec l'essence du monde, la volonté.

« La musique [...] est une copie aussi immédiate de toute volonté que l'est le monde, que le sont les Idées elle-mêmes, dont le phénomène multiple constitue le monde des objets individuels. »[1]

Schopenhauer place la musique au sommet de la hiérarchie des arts et il en fait une expression métaphysique plus immédiate – plus vraie en quelque sorte – que le langage lui-même. La musique serait métaphysique, c'est-à-dire qu'elle exprimerait plus directement que le langage, ce qui, pour l'auteur, constitue la réalité ultime, à tel point qu'il écrit cette phrase extraordinaire : « La musique pourrait exister quand bien même le monde n'existerait pas. » Autrement dit, la musique aurait une densité et une teneur suffisantes pour pouvoir exister même si la réalité commune n'existait plus.

Face à l'existence absolue de la musique, le reste n'est que néant en acte engendrant le pessimisme. Schopenhauer identifie la musique avec « la chose en soi » de Kant. Elle est un absolu indicible, ou plutôt elle se dit elle-même en se jouant ou s'écoutant. Elle est également spontanéité et source de créativité. La musique, loin d'être un produit de l'esprit, se crée spontanément elle-même et s'offre à la contemplation toute faite comme un TU qui s'adresse au JE que je suis. Pour Schopenhauer, seule la musique nous permet de vivre ; sans elle, nous devrions nous contenter de survivre péniblement dans le monde de la représentation.

La musique est l'image même de la volonté, sa reproduction fidèle. Elle est, selon Schopenhauer, un art capable d'atteindre directement la volonté elle-même, sans passer par l'idée : « La musique nous donne ce qui précède tout forme, le noyau intime des choses, elle est le plus profond et le plus puissant de tous les arts. » Bien au-delà des concepts, d'une part, d'une sentimentalité

---

1. Schopenhauer, *Le monde comme volonté et comme représentation*, PUF, 2004.

individuelle, de l'autre, c'est le monde même, comme volonté[1], qui nous est révélé dans l'harmonie des notes. En d'autres termes, la musique, toute ineffable qu'elle soit, nous permet de découvrir le sens profond de la vie.

Pour Schopenhauer, la musique donne un accès immédiat à l'essence universelle du monde, à la volonté sous tous ses aspects, et non à des essences particulières ; et parce qu'elle se situe sur le même plan que les Idées par rapport au vouloir, chaque note de la gamme correspond à différents degrés de l'objectivation du vouloir. L'échelle musicale reflète l'échelle des êtres dans la nature. Les notes les plus graves correspondent aux corps inorganiques ; les notes les plus hautes aux végétaux et aux animaux. Les quatre voix (basse, ténor, alto et soprano) correspondent aux différents règnes, minéral, végétal, animal et humain.

Il y a ainsi d'une part une analogie entre **l'harmonie** et la succession graduée des espèces animales, et d'autre part une analogie entre **la mélodie** et le libre développement de la volonté individuelle, ou simplement du désir. La mélodie représente l'individuation et l'élan spontané du désir, qu'il soit réalisé dans la joie ou entravé dans la tristesse. L'*adagio*, l'*allegro* mais surtout le majeur et le mineur expriment les sentiments fondamentaux, tout comme la particularité des mélodies exprime la singularité physique et morale des individus, la diversité des caractères.

« Le nombre inépuisable des mélodies possibles correspond à l'inépuisable variété d'individus, de physionomies et d'existences que produit la nature. »[2]

---

1. Attention ! Le terme « volonté » est entendu chez Schopenhauer dans le sens de la puissance aveugle de la vie, sans fondement et surtout sans intention ou finalité qui fait de l'homme un jouet inconscient de ce qui l'anime. Elle s'affirme à travers une multitude de phénomènes, sans ordre préétabli puisqu'il n'existe aucun plan divin (Dieu n'existe pas). La Volonté n'en est pas moins une : c'est la même volonté qui se manifeste partout et, du reste, la multiplicité, la diversité, l'individualité ne concernent que les phénomènes apparents.
2. Schopenhauer, *op. cit.*

La musique est la forme pure de tous les phénomènes, elle exprime « ce qu'il y a de métaphysique dans le monde physique, la chose en soi (ou noumène de Kant) de chaque phénomène ».[1]

Les mélodies éclairent donc le fond même de la volonté et des sentiments ; toute action, tout événement, quand ils sont accompagnés d'une musique appropriée, semblent livrer leur sens le plus secret. Cela serait dû à ce rapport intime « infiniment exact et très précis » de copie à modèle entre le monde et la musique, véritable « langage universel ».

Certes, la limite de cette esthétique consiste à identifier la musique à la nature et à effacer toute différence entre l'art et la nature. Rien ne permet de distinguer métaphysiquement l'Idée contemplée grâce à une œuvre d'art et l'Idée spontanément découverte à partir de la belle nature ; toutes deux se situent en deçà de toute représentation et nous font remonter à la nature originelle comme à la seule vérité et à l'unique contenu.

Le manager musicien entrevoit ici, même sans accompagner jusqu'au bout le philosophe allemand, que la science échoue à tout résoudre et que l'art a un rôle important à jouer dans la vie, toute la vie, y compris celle de l'entreprise.

Nietzsche

L'intuition de Schopenhauer se retrouve chez Friedrich Nietzsche[2], qui attribue aussi à la musique une place considérable dans l'activité humaine.

Le jeune Nietzsche, dans l'ouvrage *Naissance de la tragédie*, reprendra l'opposition de Schopenhauer de l'unité primitive vitale et de la personnalisation, du vouloir profond et de l'apparence (apparence = représentation rationnelle), de la vie profonde de la nature et de la souffrance due à la personnalisation.

---

1. *Op. cit.*
2. 1844-1900.

Il incarnera cette opposition dans celle de Dionysos (unité primitive qui brise l'individu pour l'entraîner dans l'être originel en le faisant participer à la surabondance de l'être) et d'Apollon (individuation dans la belle apparence qui libère de la souffrance dans la contemplation de l'image plastique). L'opposition se réconcilie dans la tragédie qui conjugue le chœur dionysiaque et le drame apollinien.

« La tragédie, c'est le chœur dionysiaque qui se détend en projetant hors de lui un monde d'images apolliniennes. »[1]

Puis Nietzsche reprochera à Schopenhauer sa méconnaissance de la volonté qui, avec « son vouloir-vivre », sépare le vouloir de la vie alors que « la vie n'est qu'un cas particulier de la volonté de puissance ».

Le philosophe formule une thèse qui se situe à l'opposé de celles d'Aristote et de Hegel, à savoir que la musique, et l'art en général, n'ont rien à voir avec la vérité, ce qui constitue sa principale vertu. L'art est ce qui permet de vivre, non seulement parce qu'il rend la vie supportable, mais surtout parce qu'il permet d'en découvrir le sens profond. La vérité pure est tellement désagréable que celui qui la saisit ne peut soutenir sa vision ; c'est pourquoi l'abîme « dionysiaque » est immédiatement revêtu de la Forme « apollinienne » qui le dissimule. La vie n'est donc possible que par le refus de la vérité. « La vie veut l'illusion », dit Nietzsche dans l'ouvrage *Humain trop humain*[2].

Conséquence fondamentale, qui marque le caractère anti-rationaliste de la philosophie de Nietzsche : depuis Socrate, la civilisation ne cesse de décliner, mortellement compromise par la critique socratique, instauratrice de l'intellectualisme de la science.

Arrêtons-nous sur le statut de la musique dans cette analyse. Nietzsche n'a pas seulement répété que « sans la musique la vie

---

1. Nietzsche, *La Naissance de la tragédie*, Folio Essais.
2. Nietzsche, *Humain trop humain*, Gallimard, 1988.

serait une erreur »[1], propos moins subjectif et esthétique que philosophique, visant à élever cet art au rang de langage du monde, comme l'avait fait Schopenhauer, mais il a aussi pensé la philosophie, son but, sa nature et son statut en musicien. Le philosophe cherche à révéler la réalité des âmes profondes « qui n'en savent pas assez pour se comprendre elles-mêmes ». Le sens de la philosophie se trouve ainsi moins en elle que hors d'elle : elle vaut ce que vaut le corps, la vie, la volonté qui l'a produite. Ce corps est caché, obscur.

Les « idoles », ce sont les vieilles vérités et particulièrement le Dieu lumière platonique puis chrétien, le dieu de la vision comme évidence. Avec le « crépuscule », quand la nuit tombe, on est moins sûr des choses : quoique présentes, elles deviennent autres, dissimulées, elles se dédoublent. La philosophie n'est plus alors la clarté mais l'interprétation du caché, la découverte de la multiplicité et de l'obscurité du monde, de la culture et de la philosophie. Ceux-ci ne sont plus seulement eux-mêmes mais signes d'eux-mêmes.

Nietzsche, « être souterrain qui perce, sape et mine », descend dans la Caverne. Il y perd la vue et quand on ne voit pas, il convient d'écouter « ce que dit minuit profond »[2]. Nietzsche est un « écouteur », un musicien : « *Musik ist eine Kunst der Nacht und Halbnacht* », un art de l'ombre et de la pénombre. En tant que philosophe musicien, il se pose en philosophe de l'écoute, de l'auscultation, de l'accord et du plaisir de l'oreille. Approfondissons bien ces notions, car nous les retrouverons plus loin, quand il sera question de l'homme d'action :

Par l'écoute, le philosophe musicien tend l'oreille au point qu'il fait presque advenir l'imperceptible, provoque et crée presque le son ou la résonance ; d'où l'opposition radicale à une conception visuelle du philosopher où l'être s'impose avant qu'on ne l'inspecte. De plus, le son est perceptible au lointain ; l'écoute serait donc amour du lointain alors que l'évidence renverrait au proche,

---

1. *Le Crépuscule des idoles*, Garnier Flammarion, 1985.
2. *Ainsi parlait Zarathoustra*, Gallimard, 1971.

au prochain, au plébéien. Écouter, c'est s'attarder *lento*, s'attarder au chant, au rythme, au souffle, à la couleur, au timbre. Cette indication du tempo destiné au lecteur veut le contraindre à reconnaître la résistance du texte, sa matérialité signifiante et la sottise, la futile légèreté qu'il y aurait à passer trop *presto* du signifiant au signifié en le rendant transparent. C'est l'opacité de l'être qui fait du philosophe un mélomane.

Le philosophe nous invite à percevoir d'une oreille patiente chaque *staccato*, chaque *rubato*, à trouver un sens à la succession des voyelles et des diphtongues, à percevoir « le charme et la richesse de la manière de les faire se succéder pour se colorer et changer de couleur ». Car on perd de vue que le verbe est polyphonique, la parole est physique, elle exprime la physiologie :

« Combien le style allemand est peu fait pour la sonorité et pour l'oreille ! Cela se voit déjà au fait que nos bons musiciens écrivent mal. L'Allemand ne lit pas tout haut, ne lit pas pour l'oreille, mais seulement des yeux : pour lire, il a mis ses oreilles au placard [...]. Dans l'Antiquité [...] les lois du style étaient les mêmes que celles du style parlé [...]. Mais nous, modernes, nous n'avons pas le droit à la grande période, nous qui avons le souffle court dans tout le sens de l'expression. »[1]

Et encore dans *Zarathoustra* :

« L'oreille qui obéit, voilà ce qui manque à leur corps [...]. Ô homme, écoute... l'heure approche. Homme, toi homme supérieur, écoute ! Ce discours est pour des oreilles un peu fines, pour tes oreilles — que dit Minuit profond ? »[2]

Par l'auscultation, le musicien philosophe se fait physicien et médecin ; en deçà du métaphysique, il revient au physique. Philosopher en musicien, c'est rapporter l'esprit, la culture à leur non-

---

1. Nietzsche, *Par-delà le bien et le mal,* Gallimard, 1971.
2. Voir *supra.*

dit. Il faut donc une certaine oreille, une finesse d'oreille qui est à l'audition ce que celle-ci est à la surdité. Quel délice pour qui possède une seconde paire d'oreilles ! Car entendre, ce n'est pas seulement percevoir le devant de la scène sonore, c'est avoir la capacité d'entendre un autre son, une résonance ou quelque chose comme une harmonique derrière le son, en arrière-plan.

Le philosophe métaphysicien jongle avec les concepts, il n'entend que les paroles manifestes, il est sourd car il a refoulé le corps, ne l'a pas vécu, il n'est pas vivant. Le philosophe musicien, lui, possède comme le psychanalyste une « troisième oreille ». Le texte qu'il lit n'est pas univoque, il est double, il ruse avec le son couvrant ou étouffant les résonances. Le philosophe musicien a l'oreille fine, l'oreille maligne : il « sent » ce qui s'entend derrière les mots, en contrepoint, presque en *fugato*. Il entend aussi « l'inouï », il néglige les événements bruyants de l'actualité pour mieux percevoir les pensées qui « s'avancent sur des pattes de colombes », les « plus silencieuses paroles » car « c'est en silence que le monde gravite ». L'ouïe fine du philosophe musicien provient de son attention à la vie.

Par le plaisir de l'oreille, le philosophe musicien ne s'attache pas seulement au signifié du son, mais au corps du son, à la musicalité, donc à la sensualité (mais aussi à la pauvreté ou à la sécheresse des sons), à leur arrangement : rythme, harmonie, mélodie sont le bonheur de l'oreille, l'affirmation d'un monde, la musique sans ombre, « méditerranéenne », ni trop pesante comme celle de Wagner le métaphysicien, ni trop évanescente comme celle de *Carmen*.

« Deuxième paire d'oreilles », « troisième oreille », « seconde conscience » : le don musical d'écoute double est celui d'un philosophe musicologue se faisant physiologiste, phonologue, donc physicien. « Philosopher au marteau », selon notre auteur, c'est deviner au son si le corps a des entrailles ballonnées, s'il est sain ou malade, vide ou plein, ferme ou fêlé, de quelle matière il est fait, voire pour un instrument, quelle est sa facture, selon que le son sera sourd, creux ou rauque... Malgré l'ambiguïté voulue du mot, le marteau n'est pas la masse de démolition du tailleur de pierre, du sculpteur ou du forgeron. Il questionne, fait résonner, « force à parler » le corps muet qui, sinon, demeurerait obscur. C'est donc véritablement un *instrument de musique* comme le marteau du piano, le maillet du percussionniste ou le marteau d'accordeur.

En fait, Nietzsche songe ici au marteau de percussion de l'acoustique médicale, inventé par un médecin allemand pour compléter le stéthoscope, qui permet de « faire parler » les « entrailles » et de sonder, d'écouter le corps et les sonorités sourdes ou inquiétantes de la maladie, du vide, du creux, du dépérissement. Dans tous les cas il s'agit d'ausculter les idoles (les fausses idées ou les idées creuses), au premier abord muettes... Sous les coups de marteau, les idoles, véritables caisses de résonance comme des instruments à percussion (caisses, timbales, tambours célesta), vont dire leur vide, leur creux, leur rien : elles annoncent le nihilisme qu'elles renferment de l'intérieur, car le vide sonne plus fort que le plein.[1]

Ainsi, Nietzsche, dans un tout cohérent, identifie sa philosophie à la musique ; il se fait musicien philosophe du monde dont il expose la généalogie en écoutant le tempo caché.

Comme Schopenhauer, Nietzsche pense que la musique est plus proche du fond dionysiaque de l'Être, qui est Volonté de puissance, que ne le sont les arts plastiques. On ne saura guère surpris dans ces conditions que Nietzsche ait adhéré au projet esthétique de Wagner. L'« art total » de l'opéra wagnérien possède le mérite, à ses yeux, d'ignorer toute la civilisation occidentale entachée de pensée socratique et chrétienne, et serait en mesure de procurer le salut de la « civilisation » mieux que toute science et toute philosophie.

Il y a pourtant, dans cette approche, une contradiction majeure. C'est qu'en réalité, la musique n'est pas une expression adéquate du « dionysiaque » car celui-ci est Acte pur, c'est-à-dire qu'il est source de toute forme, donc rebelle à toute forme, alors que toute musique a une forme et est, en ce sens, indiscutablement « apollinienne » !

---

1. Dans l'ouvrage *Le Gai Savoir*, Nietzsche pourfend « les grand mots de la morale, les flonflons de la justice, de la sagesse, de la sainteté et de la vertu... ».

Dans *Le cas Wagner* et *Nietzsche contre Wagner*, écrits une quinzaine d'années après la *Naissance de la tragédie*, Nietzsche reconnaît son erreur. Ayant entendu *Carmen* et apprécié ses formes nettes et lumineuses, le musicien qui habite en lui proteste contre les thèses du philosophe et décrète qu'il faut « méditerranéiser la musique » et brûler Wagner.

Ce que Nietzsche aime dans *Carmen*, c'est le fait qu'il y a quelque chose de plus fort que l'érotisme, que la plénitude de la vie, son immoralisme, et la soif de liberté. La scène des cartes, c'est la contradiction entre la force de la volonté et l'acceptation fataliste du destin. *Carmen* défie le destin, comme auparavant les hommes, tout en sachant qu'elle ne pourra lui échapper. Ce drame correspond au chaos dont le philosophe ne peut expliquer l'essence. Il ne peut que l'ausculter, l'interpréter grâce aux aphorismes, à l'opposé de la rhétorique allemande. Bizet incarne le cosmopolitisme de la culture française de l'époque qui s'oppose à la renaissance du mythe germanique à la sauce métaphysique.

Quoi qu'il en soit, pour Nietzsche, la musique aurait pu remplacer avantageusement la métaphysique. Elle est la pulsation transparente du monde. Voici ses dernières paroles lorsque son ami Overbeck[1] le ramena de Turin :

> *Contre le pont j'étais debout*
>
> *Il y a peu dans la nuit brune,*
>
> *De très loin approchait des chants*
>
> *Qui s'écoulaient en gouttes d'or.*
>
> *Sur les flots lisses et tremblants*
>
> *Lumières, musiques gondoles*
>
> *Ivres s'enfonçaient dans l'obscur....*

---

1. Franz Overbeck (1837-1905) enseigna l'histoire de l'Église à l'université de Bâle. Son amitié fidèle et sûre, ainsi que celle de son épouse, constitua pour Nietzsche une aide précieuse. Après que celui-ci eut définitivement quitté Bâle et toutes ses activités, il se chargea de la gestion des ressources limitées du philosophe et lui fournit les livres dont il avait besoin. En 1889, après l'effondrement de Nietzsche, il alla le chercher à Turin.

Mon âme un jeu de cordes,

Chantait touchée et invisible,

Un chant secret de gondolier,

Tremblante de bonheur pur

Est-ce que quelqu'un l'écoutait ?[1]

Le temps et la durée

Proust

À l'instar de Schopenhauer et de Nietzsche, Marcel Proust[2] assigne à la musique la place suprême dans la hiérarchie des arts. Dans *À la Recherche du Temps perdu*, Swann écoute la fameuse *Sonate* de Vinteuil ; il s'agit, on le sait, d'une œuvre mythique, fruit de l'imagination de l'écrivain et tour à tour « attribuée » à Gabriel Fauré, César Franck et Camille Saint-Saëns. Swann a bien l'intuition qu'elle contient une essence supérieure, mais il ne cherche à la comprendre que par le biais de l'intelligence rationnelle ; or, celleci ne lui propose que des « fac-similés », autrement dit des représentations immédiates et insuffisantes. Cette démarche d'écoute de la musique, les snobs ne la comprennent pas, nous dit Proust, mais ils font comme s'ils la comprenaient ; l'amateur cultivé manifeste pour sa part un effort de pénétration, mais il en reste, comme le musicologue, au stade de l'intelligence rationnelle ; seul l'homme d'élite parvient à la compréhension authentique au prix d'un effort situé et prolongé dans le temps.

En effet, l'intelligence propose à l'esprit des substituts de la forme sonore, « cette chose qui n'est plus de la musique pure, qui est du dessin, de l'architecture, de la pensée et qui permet de se rappeler de la musique ». Proust, comme le philosophe allemand, rejette « cette lumière croissante mais hélas ! dénaturante et étrangère de

---

1. Franz Overbeck, *Souvenirs sur Nietzsche*, Éditions Allia.
2. 1871-1922.

mon intelligence »[1], autrement dit ce genre d'explications rationnelles qui nous détournent de la quête fondamentale de l'essence des choses. Pour lui, la musique s'élève au-dessus de la description précise du monde, tandis que le compositeur se fait l'interprète, le traducteur, le messager de cette sagesse profonde.

La musique peint le sentiment-même, la joie-même, la tristesse-même, alors que la raison n'en propose que des descriptions bavardes, des représentations approximatives. Ce paradis de l'ineffable nous donne un accès direct aux sensations, aux sentiments, aux émotions qui nous sont familières et intimes. Il nous paraît cependant inaccessible dès lors que nous essayons de traduire son langage en mots de tous les jours. « Même quand j'eus écouté la *Sonate* d'un bout à l'autre, elle me resta presque tout entière invisible », avoue le narrateur de *La Recherche.*[2] Et c'est bien cette « musique invisible » que Fauré, Franck ou Saint-Saëns, compositeurs bien réels, nous donnent à entendre.

Musique invisible, elle l'est d'autant plus que la perception que nous en avons est, selon le triptyque proposé par Jean-Jacques Nattiez[3], sélective, discontinue et versatile :

- Sélective en ceci que chacun choisit dans une œuvre les moments qui lui « parlent » le plus (la fameuse « petite phrase » de la *Sonate*, ou un refrain qui nous trotte dans la tête).
- Discontinue parce que nous ne retenons pas d'une œuvre tout ce que nous avons entendu, tant est limité notre pouvoir de concentration.
- Versatile parce que notre perception change au fil des auditions et peut nous conduire à réviser notre jugement sur l'œuvre écoutée.

En d'autres termes, dans l'approche proustienne, tout processus de perception prend du temps. La compréhension est une marche obéissant aux règles suivantes : on saisit mieux la fin d'une œuvre qu'on n'en comprend le début ; on ne comprend pas d'emblée une

---

1. Marcel Proust, *La Prisonnière*, Gallimard, 1989.
2. Marcel Proust, *À l'ombre des jeunes filles en fleur*, Gallimard, 1988.
3. Jean-Jacques Nattiez, *Proust musicien*, Christian Bourgois Éditeur, 1984.

œuvre difficile mais on la comprend rétrospectivement ; les grandes œuvres créent leur propre postérité, ce qui peut demander là encore beaucoup de temps, car nul ne peut prédire le destin d'une œuvre.

Dans *Un musicien déchu*, brillante nouvelle qu'il remania à plusieurs reprises, Léon Tolstoï[1] n'analyse pas l'écoute de la musique sur ce plan technique, même si, musicien dans l'âme, il en avait toutes les capacités (il jouait du piano depuis l'enfance et avait élaboré dans sa jeunesse des théories sur la musique). Il décrit au contraire les effets immédiats d'une audition musicale sur nos sentiments et sur notre conscience : « Dieu sait à quel point l'impression de la musique dépasse celle des mots. »

Au cours d'une soirée où la meilleure société de Saint-Pétersbourg essaie de tromper l'ennui, un vagabond sentant l'alcool et la crasse fait irruption au milieu des danseurs et s'empare d'un violon. Dès les premières notes, ce personnage prénommé Albert se révèle être un musicien de génie et transporte l'assemblée dans un monde de fantasmagories étranges :

« Un son pur et harmonieux emplit la pièce où un silence absolu s'instaura. Les notes du thème s'écoulèrent avec une aisance élégante, juste après une première lumière étonnamment claire et rassérénante qui avait soudain illuminé le monde intérieur de chacun des auditeurs. Aucun accent faux ou excessif ne vint briser l'envoûtement des témoins, toutes les notes étaient d'une clarté gracieuse et profonde. L'assistance entière se taisait et suivait le développement de la ligne mélodique dans une attente frémissante. Délaissant cet état d'ennui, de divertissement tapageur et de torpeur spirituelle où ils se trouvaient, ces gens furent soudain transportés, sans qu'ils s'en rendent compte, dans un tout autre monde qu'ils avaient oublié. Tantôt un sentiment de douce contemplation du passé ou un souvenir passionné d'un moment de bonheur surgissait dans leur âme, tantôt une exigence illimitée de pouvoir et de faste, tantôt un sentiment de soumission, d'amour inassouvi et de tristesse. Les notes, exprimant soit une triste tendresse, soit une bouffée de désespoir,

---

1. 1828-1910.

s'entremêlaient en toute liberté, s'écoulaient l'une après l'autre si élégamment, d'une façon si puissante et si instinctive que ce n'étaient plus des sons que l'on percevait, mais le flux superbe d'une poésie depuis longtemps connue mais qui s'exprimait pour la première fois et emplissait naturellement l'âme. »[1]

Cette page admirable mérite d'être citée intégralement car elle met en exergue deux liens essentiels, entre musique et émotions d'une part, et entre musique et mémoire d'autre part. Ainsi, la musique nous aide à sortir de notre médiocrité, à capter l'essentiel, à donner du sens à la vie. L'idée de base de notre auteur est simple : il suffit de « s'abandonner tout entier à la musique écoutée et se laisser aller à l'empire du sentiment ».

Toutefois, la démarche apparaît plus complexe si l'on prétend, lors de l'écoute, saisir et suivre les éléments musicaux de la partition et les distinguer sans les associer pour en reconnaître l'unité et la diversité :

« Il faut d'abord s'attacher à la perception du rythme, *puis à la mélodie, puis suivre les motifs dans leurs transformations. Un thème transformé, c'est comme un sentiment qui se meut en nous ; parfois, deux sentiments contraires sont en duel et on assiste à un dialogue ou un conflit jusqu'à la conclusion obéissant à une dialectique du sentiment. »*

La difficulté, nous dit Tolstoï, est donc de « tout distinguer sans rien dissocier », et cette écoute attentive n'est sans doute pas immédiate car elle peut être d'une complexité très subtile.

Au fond, pour des penseurs comme Schopenhauer, Proust ou Tolstoï, la musique se présente en modèle idéal et utopique de la philosophie et de la littérature, au point que si l'on pouvait énoncer en concepts ce qu'elle exprime à sa façon, nous aurions l'explication raisonnée et l'expression fidèle du monde exprimée en concepts.

---

1. Léon Tolstoï, *Un musicien déchu*, Éditions Mille et une nuits.

Bergson

Le philosophe Henri Bergson[1] poursuit ce cheminement consistant à affirmer la primauté de la démarche artistique. Pour lui, l'art constitue un double relais entre la réalité et la conscience d'une part, et entre le moi et la conscience d'autre part. Au-delà de l'étiquetage artificiel par les mots, l'art offre la possibilité de regarder pour mieux voir, d'écouter pour mieux entendre, de mieux peindre ses émotions, de mieux déployer son imagination. Il démasque la réalité superficielle et dévoile la réalité profonde de la pensée.

Quel manager soucieux de sens pourrait renier ces démarches de dévoilement et de révélation auxquelles participe la musique ? Comme toute création, la musique est ce « rien » qui transforme le temps en durée, car « la durée vécue par notre conscience est une durée au rythme déterminé, bien différente de ce temps dont parle le physicien ».

Avec le concept de durée, Bergson réussit à faire revivre l'ontologie des Anciens en l'intégrant à la profondeur de la mémoire individuelle, concept fondamentalement musical qui incarne une temporalité où il n'y a pas d'instants juxtaposés de façon chronométrique, mais bien une présence en acte où passé et avenir se pénètrent pour exprimer la vraie personnalité en des moments privilégiés de création.

Jankélévitch

Procédant par variations autour de quelques thèmes dominants — le temps et la mort, la pureté et l'équivoque, la musique et l'ineffable —, la philosophie de Vladimir Jankélévitch s'efforce de retraduire, dans l'ordre du discours, la précarité de l'existence. C'est tout d'abord l'essence très fragile de la moralité qui retient l'attention du philosophe : la fugace intention morale n'est qu'un « Je-ne-sais-quoi » constamment menacé de déchéance, c'est-à-dire de chute dans l'impureté. Seul l'amour, inestimable dans sa générosité infinie, confère une valeur à tout ce qui est.

---

1. 1859-1941.

Apaisante, voluptueuse, expressive sans vouloir à tout prix signifier, la musique témoigne elle aussi de ce « presque-rien » (présence éloquente, innocence purificatrice) qui est pourtant quelque chose d'essentiel. Expression de la « plénitude exaltante de l'être » en même temps qu'évocation de l'« irrévocable », la musique constitue l'image exemplaire de la temporalité, c'est-à-dire de l'humaine condition. Car la vie, « parenthèse de rêverie dans la rhapsodie universelle », n'est peut-être qu'une « mélodie éphémère » découpée dans l'infini de la mort. Ce qui ne renvoie pourtant pas à son insignifiance ou à sa vanité, car avoir vécu cette vie éphémère reste un fait éternel que ni la mort ni le désespoir ne peuvent annihiler.

Nous voici au terme de ce bref dialogue entre musique et pensée. Dialogue sans conséquences pratiques, pourrait-on objecter… Il n'en est rien, car ce contexte d'attention croissante portée aux bienfaits de la musique a aussi conduit à en explorer la dimension curative. Aristote n'esquissait-il déjà pas les prémices d'une thérapie par la musique ?

Musique et science

Un remède médical

Dès 1841, Florimond Hervé, organiste de Bicêtre, jouait de l'harmonium pendant les récréations des aliénés de l'établissement dès qu'un malade commençait à se montrer agressif. Les motifs calmes exerçaient une action bénéfique sur leur humeur. Entre les deux guerres mondiales, des chercheurs tentèrent d'explorer les possibilités thérapeutiques de la musique. Peu à peu, le courant scientifique posa un regard nouveau et plus rigoureux sur les effets de la musique, et des recherches virent le jour. Schoen et Gatewood (1927), Hevner (1930), Carpuco (1952) sont autant de chercheurs ayant contribué à l'essor de la musicothérapie. Un peu plus tard, c'est au tour d'Imberty, Pratt, Simon et Werbick, Frances, Jost et Édith Lecourt (pionnière en France), de faire avancer la recherche.

Ils constatèrent d'heureux effets sur les alcooliques et les toxicomanes, puis arrivèrent, dans les années 60, à établir que des musiques choisies en fonction de chaque cas particulier pouvaient permettre d'explorer l'univers affectif et émotionnel du malade : créer un sentiment de sécurité, stimuler son imagination, réveiller son énergie. N'oublions pas les courants de recherche actuels tournés vers une pratique de la musicothérapie et qui furent l'initiative de chercheurs comme Fernand Deligny.

Les vertus de la musique

Aujourd'hui, peu nombreux sont ceux qui contestent à la musique ses vertus bienfaisantes. Elle est par exemple utilisée avec succès dans le traitement de l'autisme et pour accompagner la grossesse[1]. La contrebasse est particulièrement sollicitée, l'échelle sonore moyenne de ses sons fondamentaux se situant entre 41 Hz et 300 Hz. Ces fréquences sont ressenties par tout individu depuis sa vie fœtale, par vibrations sur les os du crâne, bien avant la formation du système auditif. Associées à des modes de jeux et des tonalités précises, elles apportent au fœtus comme dans la vie extra-utérine une sensation de calme et de bien-être. Certaines de ces fréquences sont bien connues des kinésithérapeutes, qui les emploient à titre ré-éducatif (50 Hz fréquence stimulante, 110 Hz fréquence antalgique, etc.).

Le timbre de la contrebasse, très riche en harmoniques du fait de la longueur des cordes, n'est jamais agressif ou perturbant. Cet instrument permet, par ses deux modes de jeux principaux, *pizzicato* (avec les doigts) et *arco* (avec l'archet), de travailler le son dans une large palette de structures émotionnelles. En relation avec les différentes hauteurs, les rythmes et les intervalles choisis, il est aisé pour un instrumentiste de bon niveau de créer une impression de mystère, d'apporter un sentiment d'assurance, une fiabilité foncière, de suggérer des directions d'affirmation de soi ou d'évasion, selon les besoins des sujets.

Nous voici loin de Platon et de Saint Augustin… Le recours à la musique ne relève plus d'une pratique anecdotique, voire futile ou

---

1. À ce sujet, voir le site *www.musicotherapie.org*

menaçante pour l'esprit ou l'âme. Au fil des siècles, philosophie et littérature ont quitté leur piédestal et se sont reconnues bien volontiers un maître à penser ; philosophes et écrivains voient désormais dans la musique *la* source suprême d'inspiration. La musique a vocation à représenter la vie de l'« âme », individuelle et collective, et ce qui dans cette vie échappe à la pensée analytique et aux mots. Les premières mesures des *Variations Goldberg* de Bach disent de la paix intérieure ce que nulle autre figure de l'esprit ne peut traduire. Je pense personnellement, entre mille exemples, que l'*Impromptu n° 3* opus 142 de Schubert, ou encore l'*adagio* de la *Sonate n° 10* de Mozart montrent en musique ce que les philosophes ne sont jamais parvenus à dire de l'Émotion pure, que la musique que chante Kathleen Ferrier[1] incarne le raffinement plus profondément que ce qu'ont jamais pu figurer les nombreuses pages de la littérature consacrées au sujet.

Mais la musique peut tout aussi bien marquer la résolution, la fermeté, le rythme, l'harmonie, le tempo… Pourquoi, dès lors, la musique n'inspirerait-elle pas cette philosophie de l'action qu'est le management ? Pourquoi ne nous inviterait-elle pas à dépasser l'approche rationnelle qui en est faite de façon souvent très intellectuelle pour parvenir à une compréhension plus profonde de l'art de diriger ? Pourquoi, grâce à elle, n'apprendrions-nous pas à la considérer non pas comme une sorte d'art décoratif, mais au contraire comme une *pratique* permettant de mieux regarder, de mieux écouter, de mieux sentir, de stimuler en nous ce qu'il est convenu d'appeler l'intelligence émotionnelle qui coexiste avec celle des idées ?

Au-delà du bruit d'ambiance

Malgré ses évidentes vertus, la musique ne fait pas toujours très bon ménage avec le monde de l'entreprise. Les managers ne voient en elle qu'un agréable divertissement destiné à faire oublier, le soir ou

---

1. Kathleen Ferrier, contralto anglaise (1912-1953), célèbre par le pouvoir expressif, à la fois sobre et profondément émouvant, de ses interprétations.

en fin de semaine, les soucis et tracas quotidiens. La chaîne hi-fi ou France Musique sont plus entendues qu'écoutées, comme un bruit de fond rassurant. L'opéra et le concert sont, le cas échéant, appréciés mais essentiellement comme une détente et non comme un approfondissement de l'œuvre.

La musique marchande

La musique, il est vrai, n'est pas toujours présentée sous le meilleur jour, ce qui d'ailleurs ne date pas d'hier. Le musicologue Theodor Adorno[1] fut l'un des premiers à se préoccuper de l'évolution de l'art musical actuel. Sa critique, très rigoureuse, consista à analyser la musique à plusieurs niveaux, non seulement esthétique et technique mais aussi sociologique. Il dénonça vigoureusement la musique industrielle et ses débauches de mélodies aguichantes et stéréotypées, d'harmonies standardisées et de structures formelles préétablies et interchangeables. Serait-elle la continuation par d'autres moyens de la musique « phrygienne » stigmatisée en son temps par Aristote ? Ceci n'est que pure hypothèse de notre part ; toujours est-il que l'auditeur devient souvent un sujet passif, dénué de sens critique, entièrement dominé par une musique décorative dont la fonction essentielle est la fabrication d'un bruit de fond visant à lui faire oublier la violence du monde.

Mais il n'y a pas que la volonté d'oublier. De surcroît, nous dit Adorno, la musique « marchande » est une musique du fétichisme et de la sensualité livrée à elle-même. Une musique dionysiaque que ses auteurs n'auraient pas pris le temps de parer du charme formel apollinien… Ainsi, l'auditeur est dominé par une immédiate sensualité mécanique, de sorte qu'Adorno va jusqu'à parler, sans ambages, de pornographie musicale[2] : la transformation en marchandises des

---

1. Theodor Adorno, philosophe, musicologue et critique allemand (1903-1969).
2. Cité par Michel Cinus dans « Quelques réflexions sur l'idée de la forme musicale chez T. W. Adorno », *www.uqtr.ca*. Michel Cinus est chercheur en philosophie et a un doctorat de l'université Paris X. Il a fait des recherches post-doctorales au département de philosophie de l'UQTR en 2000. À côté de la philosophie, il pratique assidûment la musique.

œuvres musicales est la conséquence d'une tension entre être et apparence. La musique devenue (ou faite comme telle) marchandise se perd dans l'apparence et nie l'être (le sujet). Elle devient musique de la perdition, avec toutes les conséquences morale, sociale, politique et ontologique que cela engendre. Adorno vise là le cynisme de l'industrie capitaliste et la responsabilité de l'auditeur qui renonce et se laisse aller à sa perte en préférant se vautrer dans l'immédiateté du plaisir procuré par ses émotions. Au fond, nous ne sommes pas loin de l'idée platonicienne selon laquelle la confusion de l'être et de l'apparence entraîne un enchaînement moral inadmissible pour la communauté et la personne, enchaînement qu'Adorno applique au domaine musical.

Plus près de nous, et reprenant en partie les idées d'Adorno, Jacques Attali affirme :

« Notre époque ne fait plus de musique. Elle camoufle par du bruit la solitude des hommes en leur donnant à entendre ce qu'elle croit être de la musique. »[1]

Il convient, ajoute notre auteur, de se garder des méfaits d'une certaine musique dite d'ambiance, diffusée à flots continus dans les magasins, les espaces publics, les entreprises parfois.

« La musique d'ambiance n'est pas innocente. Elle n'est pas qu'une façon de dominer les bruits pénibles du travail. Elle peut être l'annonce du silence général des hommes. »[2]

Quand la musique cessera-t-elle d'être un bruit surajouté à d'autres bruits de restaurants, halls d'entrée, magasins, gares et aéroports ? Que signifient, du point de vue de notre rapport à la musique, ces fragments de Vivaldi ou de tel concerto pour piano de Mozart repris en boucle pendant que vous tentez en vain de joindre au téléphone votre courtier en assurances ou votre banquier et que vous attendez depuis vingt minutes que l'on vous réponde ?

---

1. Jacques Attali, *Bruits*, Fayard, 2001.
2. *Ibid.*

Quand les programmateurs de concerts exploreront-ils d'autres voies que celles consistant à mettre à l'affiche le *Requiem* de Mozart et les *Ballades* de Chopin ? Félix Mendelssohn, par exemple, est en train de disparaître du répertoire sous prétexte que sa musique, éreintée par quelques musicologues faisant autorité, serait jolie mais sans caractère. Il fut pourtant un compositeur fécond de symphonies et de concertos, ainsi qu'un chef d'orchestre réputé qui remit le grand Bach à l'honneur. Même traitement de défaveur pour Camille Saint-Saëns, d'ailleurs appelé le Mendelssohn français, et classé à tort comme un créateur élégant mais académique.

Et que dire de la musique française du début du XXe siècle, connue seulement de quelques initiés, exceptés Debussy et Ravel qui étaient loin de représenter à eux seuls une école d'une richesse exceptionnelle ? Pourquoi, pour ne prendre qu'un exemple, un compositeur comme Gustave Charpentier[1] n'est-il connu du plus grand nombre qu'au travers de son seul opéra *Louise*, œuvre au demeurant émouvante ? Des pans entiers de la musique occidentale tombent ainsi dans l'oubli et disparaissent de l'offre, et par conséquent de la demande.

Certains directeurs d'orchestre parviennent à introduire avec succès les compositeurs contemporains (Xenakis, Dusapin) dans leur répertoire, tandis que d'autres s'en tiennent à des approches timorées, prétextant le manque de goût du public pour la modernité musicale…

Musique et bruit

Que peuvent nous inspirer, du point de vue de notre rapport au temps, certaines musiques répétitives sinon l'idée d'un temps subi, non maîtrisé, temps monotone, temps aliénant en somme ? Certes, on pourrait se dire qu'après tout la musique reproduit la réalité physique, c'est-à-dire les bruits et les mouvements du monde. Elle imiterait ainsi le murmure d'un ruisseau, le zéphyr, l'orage. Mais en réalité, la musique n'est pas que mouvement, elle n'est pas,

---

1. 1860-1956.

c'est certain, *que* du bruit, car si le bruit peut être une composante de la musique, comme il est une composante du son, il n'a pas vocation à la représenter tout entière.

Et si *l'Art des bruits* des futuristes italiens usait des « bruits » de la vie quotidienne dans la création musicale (mouvement poursuivi par Edgar Varèse puis par la musique concrète), si Arthur Honnegger nous donnait à entendre dans *Pacific 231* le bruit sublimé des locomotives de son temps, le bruit à l'état brut est aussi synonyme de désordre, quand la musique, elle, est une organisation, une composition, une harmonisation de sons plus ou moins agréables à l'oreille selon le goût de chacun.

Sans doute les positions d'un John Cage, aussi respectables qu'elles soient, sont venues s'opposer au caractère rationnel de la construction musicale européenne. Pour Cage, nourri de pensée orientale, en particulier de philosophie Zen du livre du Yi-king, tout son est musique, et il est insensé de l'organiser selon des structures précises dans des « œuvres » qui sont des produits finis. Est expérimental le processus dont on ne peut prévoir le résultat : c'est bien le cas chez John Cage. Dans sa musique, la dimension fortuite et indéterminée se manifeste de différentes manières : dans les quatre livres de *Music of Changes* (1951), par exemple, tout ce qui est écrit est le fruit du jet des pièces de monnaie et du Yi-king, tandis que beaucoup d'autres ouvrages se limitent à prescrire à l'exécutant différents comportements.

Il est vrai que se joue là une expérience difficile à décrire et encore plus à conceptualiser ! Toujours est-il que la situation consistant à attribuer à la musique un rôle mineur, divertissant certes mais non pédagogique, perdure : le manager a rarement l'occasion de prendre la mesure de ce qui se passe en musique et de ce qu'elle peut lui apporter réellement dans sa manière d'être et de faire avancer les choses dans l'entreprise. Comment pourrait-on le lui reprocher dès lors que la musique est encore trop souvent présentée au monde de l'entreprise comme une expérience assimilable à la traversée d'une terre inconnue et mystérieuse, une sorte d'égarement dans un monde étrange, alors que pour de nombreuses raisons, il serait utile à ses dirigeants de posséder quelques connaissances musicales, notamment dans les métiers du tourisme, de la restauration, du spectacle, de l'animation, de la publicité, du son, du commerce, du journalisme, de la médecine, des transports, de l'architecture (acoustique), de l'enseignement et de l'éducation, de l'informatique, etc. Serait-ce que l'expérience musicale présenterait un « danger », celui de l'altération de l'esprit, autrement dit de son égarement, par toutes sortes d'émotions ineffables dont le cadre pressé n'aurait que faire dans la vie courante ?

Il semble donc souhaitable de développer son sens critique, d'être attentif, de savoir retrouver les critères de qualité, d'authenticité et d'exigence dans les musiques qui nous sont proposées.

« La musique authentique réussit à réaliser une synthèse de la diversité des stimulations sensuelles en allant au-delà des apparences sensibles et sans tomber dans les moments du plaisir immédiat livrés à eux-mêmes et pour eux-mêmes : la musique authentique, responsable et critique est pure médiation. »[1]

Autrement dit, qu'il s'agisse des notes des sonates de Haydn, des bruits des futuristes ou du son brut de Cage, laissons la musique vivre en nous ! Prêtons-lui du sens bien au-delà de la coquille sonore qui parvient à nos oreilles, car elle nous ouvre la porte des émotions, si présentes dans le monde de l'entreprise. Apprenons d'elle non seulement la détente et la beauté des sons, mais aussi comment mieux manager.

---

1. Michel Cinus, « Quelques réflexions sur l'idée de la forme musicale chez T.W. Adorno », *www.uqtr.ca*

Chapitre II

Manager en musique

« *Empruntons à la musique ses leçons :*

la mélodie pour la douceur du quotidien,

l'harmonie pour prouver que l'on peut toujours créer ensemble,

le rythme indispensable aux projets et au goût d'entreprendre. »

(Entreprise adressant ses vœux pour 2007)

Révéler

Sphère personnelle et sphère professionnelle

La musique se révèle à nous et, ce faisant, nous révèle à nous-mêmes. Elle est d'abord un processus physique fait de vibrations qui pénètrent littéralement notre corps et lui procurent diverses sensations. Vient ensuite la réaction de l'esprit qui ne perd rien pour attendre… un peu.

Autre considération : s'il est vrai que l'écoute ou la pratique de la musique ressortent de la vie personnelle, celle du management procède de la vie sociale. Et, dans la plupart des entreprises, notamment anglo-saxonnes ou asiatiques, la cloison est le plus souvent assez étanche.

Ceci n'empêche nullement de s'interroger sur les apports possibles de l'univers musical à celui du management, car au-delà des distinctions de toutes sortes – le corps et l'esprit, l'émotion et l'action, l'individuel et le social, etc. –, il n'existe qu'un seul individu, et la sphère personnelle influence la sphère professionnelle, ce qui après tout nous semble souhaitable dans le cas de la musique. Michel, dirigeant d'un grand groupe du secteur tertiaire et pianiste confirmé, l'affirme directement :

« Dire que la musique n'aurait aucune influence sur la manière dont je conduis cette affaire serait faux… totalement faux. Depuis que je suis ici, j'ai repris le piano… À midi, je mange un sandwich et je vais faire une heure de piano avec mon prof… Je travaille le matin et le week-end, suffisamment pour pouvoir découvrir de nouveaux morceaux. La musique que je joue, le baroque, Bach, les Variations Goldberg, *Beethoven, les Romantiques, clairement cela m'apporte un bien-être psychophysique. Pour des gens sans cesse très occupés, quand on est derrière le piano, on oublie tout, on est très concentré sur autre*

chose et çà fait du bien au cerveau de se reposer, même si c'est une intensité intellectuelle importante ; pendant une heure, c'est un plaisir de se dire : voilà, je me consacre à ce morceau, à ces douze lignes, à ces notes, c'est quelque chose qui apporte l'amour du travail bien fait. »[1]

Il est d'usage de dire que la pratique de la musique et que son écoute nous « vident » de nos soucis quotidiens et nous remplissent d'une sérénité, d'un bien-être résultant du fait qu'à travers elle, on parle à son esprit, on « écoute » son corps, on accède au plus profond de soi-même, à commencer par ses émotions. Pierre, autre dirigeant d'un très grand groupe et musicien dans un orchestre amateur, confirme sans détours :

« La pratique musicale est un élément d'équilibre important, elle permet de se déconnecter du monde de l'entreprise, de faire table rase réellement. L'écoute de la musique peut apporter des idées, mais quand on pratique la musique, on est complètement sorti mais il peut y avoir des éléments de conjonction, car la musique est une activité sociale et amène à avoir des rapports plus profonds avec les gens… »[2]

Autrement dit, la musique nous révèle à nous-mêmes et nous révèle les autres.

À certains endroits de son œuvre, Bernard Sève nous parle à juste titre de cette *révélation* qu'il nous est donné de vivre grâce à la musique : « La musique nous révèle quelque chose du corps et de la corporéité. »

Quel auditeur pensif n'a pas senti ce doux envahissement de la matière sonore au point que son corps se trouve assoupli, allégé, aéré ? Quel musicien pratiquant n'a pas éprouvé cette pénétration subtile des sons tel un fluide qui irriguerait ses membres, cette satisfaction aussi du bon geste, confirmée par ce musicien cadre ?

---

1. Michel est un prénom d'emprunt destiné à préserver la discrétion des entretiens. Nous faisons de même dans l'ouvrage pour tous les entretiens menés avec des managers et des représentants du monde musical.
2. Pierre, entretien de février 2007.

Écoutons encore Michel :

« Quand je fais de la musique, l'aspect physique est très important, ce serait une activité purement intellectuelle, j'aurais beaucoup moins de plaisir… En musique, il faut trouver le beau geste, le geste juste… retrouver un peu de physique dans un univers qui est tout de même très immatériel, avec les écrans, la télé, les discours… redonner un peu de sens au corps, à l'expression physique… On le voit bien, les grands pianistes sont aussi de grands danseurs… ils ont la grâce, la fluidité… ça fait partie des choses importantes, le geste, le geste juste, comme dans la calligraphie chinoise… »[1]

Ainsi, la musique fait en sorte de « rendre plus doux celui qui l'écoute »[2].

La gestuelle et l'émotion musicale

Commençons, pour cela, par considérer les mouvements du corps. Observons un homme qui se déplace. Ses gestes, amples ou saccadés, reflètent ses attitudes. Les écrivains peuvent les nommer, les décrire, les identifier, les reconnaître. Les psychologues peuvent même en établir une typologie, en rechercher l'origine du côté des émotions (peur, colère) et des passions (amour, haine) qui agitent l'être humain. Émotions et passions influent sur les traits et la complexion du visage. Un visage pâle et allongé marque l'étonnement ou la crainte, un visage enflammé et contracté exprime la colère, un corps en agitation signale l'impatience.

Puis les gestes du corps se prolongent en gestes vocaux : rires, gémissements, soupirs, sanglots, plaintes, hurlements, cris… Des sons que l'on peut là encore décrire, identifier, reconnaître. On peut même en établir une typologie révélatrice des passions de l'âme. Chaque passion possède ainsi sa propre déclamation, sa déclamation naturelle.

---

1. Michel, entretien de février 2007.
2. Vladimir Jankélévitch, *La musique et l'ineffable*, Le Seuil, 1983, p. 10.

De tels efforts jalonnent notre histoire de la musique, et à cet égard, les propositions d'un Vladimir Jankélévitch en 1983 ne sont pas sans rappeler celles, par exemple, des érudits du XVIIe siècle. User de la force émotive de la musique afin de reconnaître et maîtriser les passions qui agitent l'âme apparaît comme une préoccupation constante de l'histoire musicale. Cette préoccupation façonne l'héritage qui conditionne notre propre approche de l'émotion musicale.

À partir du XVIIIe siècle, cette réflexion sur les rapports entre l'émotion et sa traduction gestuelle et vocale prendra force d'évidence. Dans son traité *De l'expression en musique* (1759), André Morellet affirme :

« Il y a un rapport entre la douleur et la voix de la douleur aussi peu arbitraire que celui qui se trouve entre la menace et le geste menaçant, entre la supplication et la posture suppliante. »[1]

En somme, l'ensemble des postures du corps étant isomorphe à celui des passions de l'âme, comment ne pas se persuader que l'ensemble des sons émis par la voix est bien, lui aussi, isomorphe à celui des passions ?

Le grand pianiste de jazz Bill Evans[2] a-t-il lu Aristote ou Rousseau ? Peu nous importe ! Voilà un artiste qui vit intensément sa musique et modifie jusqu'à sa posture qu'il veut « complètement ramassée sur le piano, comme pour chercher à entrer dans l'intimité de l'instrument et la sienne propre », propos que ne renierait sans doute pas Glenn Gould[3] dans ses interprétations fameuses et que l'on voit, dans les documents filmés dont nous disposons, adopter semblables postures.

---

1. André Morellet, *De l'expression en musique*, Mercure, 1771.
2. Bill Evans (1929-1980) a profondément révolutionné l'approche du trio et du jazz. Il a su incorporer dans son discours une « couleur harmonique » provenant de ses influences classiques ; son sens des subtilités rythmiques (accentuations, polyrythmie, *displacement*, etc.) et de la mélodie font de lui un des pianistes majeurs de l'histoire du jazz.
3. Glenn Gould (1932-1982), pianiste et compositeur canadien, est connu pour ses interprétations remarquables au piano, dont deux enregistrements légendaires des *Variations Goldberg* de J.-S. Bach (1955 et 1981).

Amoureux du piano, ce « cristal qui chante et produit l'impalpable », Bill Evans ne pense qu'à traduire en musique ce qu'il ressent au plus profond de lui-même, à offrir en direct les expressions de l'âme :

« Je veux avancer mais je ne veux pas forcer mon processus de création ; je veux jouer du mieux possible et pas nécessairement de la manière la plus diverse possible ; changer délibérément l'essence de ma musique ne m'intéresse pas : je préfère qu'elle se révèle graduellement à moi, au fur et à mesure que je joue… »[1]

Nous sommes bien en présence d'une révélation ; la musique se révèle à nous, et ce faisant nous révèle à nous-mêmes. « Traversée directement par les désirs et les pulsions, la musique n'a jamais eu d'autre sujet que le corps », affirme Jacques Attali dans une intuition juste, sans toutefois préciser s'il s'agit des désirs et pulsions du compositeur ou de l'interprète. Nous y reviendrons plus loin, tant le sujet est d'importance.

Dès lors, comment ne pas songer, avec Vladimir Jankélévitch, à faire usage de la musique dans tout projet d'édification morale, voire dans tout projet de vie en société ?

« Car la vraie musique humanise. La musique n'est pas seulement une ruse captivante et captieuse pour subjuguer sans violence, pour capturer en captivant, elle est encore une douceur qui adoucit : douce elle-même, elle rend plus doux ceux qui l'écoutent, car en chacun de nous elle pacifie les monstres de l'instinct et apprivoise les fauves de la passion. »[2]

Et quand le philosophe emploie ici le mot « doux », il ne s'agit pas, à ses yeux, d'édulcorer son propos mais au contraire de le rendre plus humain, plus profond.

---

1. Sophie Chambon, « Bill Evans. Portrait de l'artiste au piano », site *Jazzbreak.com*
2. Vladimir Jankélévitch, *La musique et l'ineffable*, op. cit.

L'apprentissage

Au terme de *révélation*, on pourrait préférer le mot *apprendre* : en réalité, révélation et apprentissage sont deux notions parfaitement complémentaires ; il n'est point d'apprentissage en profondeur sans révélation préalable. Le manager a véritablement, du moins le croyons-nous, quelque chose à apprendre de la musique, de ce qu'elle contient, de la façon dont elle est construite et, bien entendu, de ce qu'elle exprime. Apprendre en agissant, bien sûr, comme on devient forgeron en forgeant, apprendre dans l'action, par la pratique, ne serait-ce que par l'écoute active.

Entre *dire* et *faire*, entre l'intention et le passage à l'acte, il y a comme on dit une marge, que veut réduire, à juste titre, Aristote quand il nie à la fois la priorité de l'apprentissage sur la pratique et la priorité de la pratique sur l'apprentissage. Faire et apprendre, nous dit-il, sont concomitants, simultanés. Or, c'est précisément ce que nous enseigne la musique : de même que l'on « devient cithariste en jouant de la cithare »[1], de même c'est en manageant qu'on *devient* manager.

La musique a ceci de commun avec le management est qu'elle n'est pas faite pour qu'on en « fasse », elle n'est pas faite non plus pour être « dite », plus exactement, elle est faite pour être « jouée », c'est-à-dire « dite » et « faite » en même temps. Dans l'œuvre musicale, rien ne peut rester en place, identique à soi ; il faut sans cesse avancer, comme en témoigne le jeu des altérations successives. L'altération est bien ici une manière de devenir autre, faute de quoi l'œuvre ne pourrait pas progresser et se condamnerait à la monotonie.

Le mystère de la musique tient en ceci : tout se passe en même temps, la révélation, l'apprentissage, le jeu même, c'est-à-dire l'action. Cette simultanéité est d'une extraordinaire richesse et a pour effet de nous bouleverser, nous qui passons notre temps à

---

1. Vladimir Jankélévitch, *op. cit.*

cloisonner, à distinguer la pensée, le discours, la réalisation. Alors, secouons nos esprits cartésiens !

Comme le dit très bien Bernard Sève, il convient de :

« Penser l'expérience musicale comme expérience privilégiée de l'altération [...] Je ne suis pas altéré par la musique, je m'altère par elle et grâce à elle. Sa prise sur moi, c'est qu'elle m'arrache à moi-même pour m'y renvoyer. »[1]

Pour le manager, le sens se trouve dans l'action

Pour le manager musicien, il s'agit de devenir autre, de ne pas rester identique à soi, d'avancer, de perpétuellement avancer, comme nous y invite à le faire le mouvement tout aussi perpétuel des notes qui se répondent les unes aux autres, des altérations qui renouvellent à l'infini mélodie et harmonie. En somme, il s'agit de se rapporter à la musique en s'y exposant, en l'écoutant, voire en la pratiquant, pour en tirer un approfondissement des attitudes sous-jacentes de sa conduite active et quotidienne.

En musique, comme en management, le sens se forme au présent, dans l'action, puis se dégage *a posteriori*. Bien entendu, dans les deux cas, il faut se concerter à l'avance, réfléchir, se préparer, mûrir ses décisions, mais le sens n'est donné que par l'action, jamais par la seule idée.

« Ainsi, nous dit le philosophe, forgez d'abord ! Jouez d'abord ! Commencez par "faire", en supposant le problème résolu, pour ensuite le résoudre : commençons par la fin et le reste nous viendra de surcroît. »

Le discours managérial ne préexiste pas à l'action, il se fond dans l'action, se confond avec elle, s'enrichit au contact bienfaisant de la pratique : voilà ce que croit et fait le manager musicien. La création commence toujours par elle-même. Le management qui n'amorcerait pas, n'ébaucherait pas l'action se réduirait à un discours ou à une incantation amoindrie, délabrée. La réalité, malheureusement, le confirme trop souvent : l'affichage ne suffit pas ! ◾

---

1. Bernard Sève, *L'altération musicale*, Éditions du Seuil, 2002.

Créer

Créer en musicien, compositeur ou interprète

L'intersubjectivité

La plupart du temps, nous sommes invités à considérer l'œuvre d'art sous un jour bien particulier : comme la part irréductible de l'homme, le siège d'une expérience purement subjective, la manifestation sensible d'un contenu spirituel. Ainsi se dessine un champ esthétique, lieu par excellence de la mobilisation émotionnelle de l'interprète.

Mais l'œuvre musicale est de nature ambivalente : elle apparaît aussi comme l'expression de l'intériorité et l'intention d'un compositeur. Et la tâche suprême de l'interprète consiste à traduire une composition en une réalisation vivante, autrement dit à travailler à extérioriser l'âme et l'identité du compositeur. L'interprète doit alors remonter aux intentions de l'auteur et se poser en exégète attentif.

Soucieuse de viser l'effet juste, la claveciniste Wanda Landovska explique ce cheminement vers l'intention du compositeur où elle puise son inspiration :

« En vivant intimement avec les œuvres d'un compositeur, je m'efforce de pénétrer son esprit, de me déplacer avec une aisance grandissante dans le monde de ses pensées, et de connaître celles-ci par cœur, afin de pouvoir immédiatement reconnaître quand Mozart est de bonne humeur, ou quand Haendel veut exprimer une joie triomphante. Je veux savoir quand Bach est fou furieux et jette une poignée de doubles croches à la figure d'un adversaire imaginaire, ou un jet flamboyant d'arpèges, comme il fait dans La Fantaisie chromatique. *Le but est d'atteindre une telle identification avec le compositeur, qu'il n'y ait plus aucun effort supplémentaire à faire pour comprendre la moindre de ses intentions, ou pour faire suivre les fluctuations les plus subtiles de son âme. »*[1]

---

1. Wanda Landovska, *On Music*, New York, Denise Restout Éditeur, Texte cité par Denis Laborde (*op. cit.*).

Ici, l'effet juste serait l'effet voulu par le compositeur, et l'interprétation correcte serait tout entière mesurable au respect de cette intention prêtée au compositeur. La pertinence d'une réalisation musicale dépend de cette capacité qu'aurait l'interprète d'extérioriser l'émotion qui anime le compositeur dans l'instant de la création. C'est alors la force émotive de la musique qui se joue dans cette restitution sous les sons.

Émouvoir est dans la nature même de la musique, et c'est de cette propriété structurelle qu'elle tire ses pouvoirs. Comment alors ne pas chercher à maîtriser cette propriété structurelle ? Tel est l'enjeu de l'interprétation. Nous y reviendrons à propos du chef d'orchestre.

Comprendre la partition

En attendant, tout commence par la lecture de la partition, « réglée comme du papier à musique », comme nous l'apprend le langage courant. Il est vrai que depuis l'invention du solfège, l'écriture musicale est passée du stade de la littérature chantée à celui de la rigueur mathématique. *A priori*, il n'y aurait donc rien de plus univoque et de plus clair que du papier à musique, à telle enseigne qu'une personne « réglée comme du papier à musique » est réputée extrêmement bien organisée. Mais ce « papier à musique » est-il si clair que la réputation qu'il porte ?

Écoutons ce que nous dit à ce sujet Laurent, pianiste et par ailleurs dirigeant d'entreprise :

« Le fait d'avoir appris à lire une partition, qui est quelque chose à la fois de simple et de très complexe, parce que l'ensemble des notes, des altérations, des indications qui sont présentes constitue une masse énorme d'informations, mais en fait cette masse ne dit que 15 à 20 % de la réalité… Les 80-85 % autres sont ce qui fait que lorsqu'un musicien va lire une page de Schubert, eh bien il va interpréter du Schubert et non pas du Beethoven. J'ai pu développer ainsi une aptitude à analyser un monde nouveau ; après tout, une partition est un monde nouveau… c'est le même genre d'aptitudes dont j'ai eu besoin, tant dans le monde du marketing que dans celui de la publicité

pour comprendre quelle était la vérité d'un produit... quel était le langage qu'un produit devait utiliser pour communiquer justement face au consommateur... cela je l'ai appris de la musique, j'en suis intimement persuadé. Plus tard, j'ai constaté que pouvoir analyser un marché, c'est un peu la même chose qu'analyser une partition... on n'est pas dans le rationnel, il s'agit de comprendre les ressorts cachés, vers où il faut aller, autrement dit le mot juste, c'est : interpréter. Dans l'entreprise, à tout moment, il faut se demander : est-on dans la vérité du produit ou n'est on pas dans la vérité du produit ? »[1]

Pour Michel, la partition se définit comme le champ des contraintes duquel doit émerger l'imagination réaliste :

« La partition, c'est s'exprimer dans un champ de contraintes, la contrainte du tempo, la mélodie... et derrière ça on essaie de créer une œuvre avec un début, une fin, une logique complète, en prenant parfois des libertés avec la mélodie, le tempo, avec audace aussi... La musique classique, ou comment créer du beau à l'intérieur d'un univers très normé, surtout à l'époque de Bach ! Et l'entreprise, c'est ça... c'est complètement ça et toute la magie des grands chefs d'entreprise auxquels je m'efforce de ressembler c'est comprendre leur environnement, comprendre les contraintes, imaginer quelque chose, mais quelque chose d'extrêmement logique, qui ne souffre pas de caractère illogique, il faut que ce soit une démarche explicable, oui, il y a énormément de ressemblances avec la partition en musique. »[2]

Encore faut-il, comme dans l'entreprise, savoir mettre en perspective, comprendre les trajectoires, ce que confirme notre musicien :

« Quand on étudie une partition, il faut aussi comprendre d'où elle vient et ou elle va dans l'histoire de la musique, à quoi elle se réfère, et cela on le retrouve aussi sur un produit ou dans une situation donnée de marché... »[3]

---

1. Laurent, entretien de janvier 2007.
2. Michel, entretien de janvier 2007.
3. Laurent, entretien de janvier 2007.

De même, l'interprétation musicale, à l'instar de la stratégie, nécessite perspective, mouvement et, en définitive, audace :

« En matière stratégique, j'ai appris de la musique à être là où on ne m'attendait pas. Par exemple, on a tout à fait le droit quand on lit du Mahler[1], il ne faut pas oublier qu'il est de la même période que Ravel[2] et finalement il y a des affinités auxquelles on ne pense pas instantanément et qui existent réellement. »[3]

Saluons ici l'originalité de la démarche consistant à rapprocher des compositeurs tout de même très différents en termes de style et de culture… En d'autres termes, viser juste sur le plan stratégique peut résider dans l'originalité de l'approche tout en restant cependant cohérent avec soi-même :

« Il faut toujours avoir à l'esprit quand on développe une nouvelle activité de rester cohérent avec soi-même, avec ses points forts et ses points faibles. »[4]

Œuvre recommandée

Franz Schubert, *Sonates, Impromptu pour piano*,
Richter, BBC Music.

Créer en manager, compositeur et interprète

Le manager musicien sait trouver plaisir dans la bonne application de ce qu'il a conçu. Compositeur et interprète à la fois, il apprend la patience car le résultat ne vient pas tout de suite mais il viendra sûrement dès lors qu'il aura trouvé le bon geste, la bonne attitude.

---

1. Gustav Mahler (1860-1911).
2. Maurice Ravel (1875-1937).
3. Laurent, entretien de janvier 2007.
4. *Ibid.*

En outre, il construit sur un terrain de rationalité un projet séduisant. Le rationnel sans séduction ne convainc guère, pas plus que la séduction friable.

Le manager musicien est prêt à croire que les deux vont ensemble même s'il n'en a que l'intuition et non pas la certitude.

La pratique de l'art de diriger doit aussi le conduire à se révéler aux autres mais d'abord à lui-même. Le management ne consiste pas en une démarche exhibitionniste et égocentrique où le dirigeant se raconte lui même, se met en scène, mais doit au contraire impressionner en profondeur l'interlocuteur, qu'il soit collaborateur, client, fournisseur ou encore actionnaire.

Au contact de ceux qu'il dirige et à l'épreuve des réalités, le manager musicien ne doit pas se sentir altéré passivement, mais bien au contraire se changer volontairement, et de façon concomitante du changement demandé aux autres. Puisse-t-il se laisser « altérer », c'est-à-dire devenir autre dans le meilleur sens du terme, grâce à la musique.

Pour lui, il s'agit de passer continûment de la stratégie à l'organisation, puis à la motivation par le sens donné à l'action, d'un seul mouvement, d'un seul élan, comme dans l'œuvre musicale. Le management est un incessant « se faisant », un mouvement perpétuel en somme : il faut donner du sens à l'action, laquelle nourrit en retour le sens, comme un auditeur qui découvre le sens d'une œuvre au fil de son audition.

Le manager, en s'exposant à la puissance de la musique, fait mouvement non pas du bout des lèvres ou de sa raison mais au contraire de tout son être, cette attitude active lui permettant de se laisser altérer par la musique.

On peut être musicien sans être ni compositeur, ni interprète mais véritablement écouteur, et non pas auditeur de musique, moins encore percepteur. En stimulant sa capacité d'écoute musicale, le manager contribuera à stimuler sa capacité d'écoute en général en l'appliquant aux situations concrètes et bien connues où cette faculté est éminemment nécessaire : conduite de réunions, négociation, évaluation…

On voit par là que le manager gagne à *s'exposer* à la musique, à sa puissance, à ce qu'elle enseigne sur la durée, l'invention, le rythme et même l'action, oui répétons bien : l'action. Ce faisant, il se met à l'écoute de lui-même et développe les attitudes propices au renforcement de sa légitimité. Remarquons qu'il s'agit ici du manager plutôt que du management proprement dit. Soulignons l'importance de cette distinction, car il ne s'agit pas d'amoindrir l'apport des ingrédients classiques du management (mathématiques, droit, sociologie, psychologie).

On pense d'autant mieux le management en manager qu'on se soucie des autres types discursifs de pensée que celui de l'intellectualité et de la raison : les leçons d'imagination, d'invention, de variation, de modulation, de nuances apportées par l'écriture musicale n'offrent pas de limites. Il y a de quoi se réjouir que les managers pensifs puissent envisager de gagner, avec la musique, un précieux et inattendu compagnon. ■

Faire passer l'intention

« Faire vibrer la corde sensible », expression passée dans le langage courant, c'est toucher le cœur des gens pour arriver à le faire vibrer, à réveiller leurs sentiments. Par exemple, un violon, par un très léger mouvement de frottement ou de pincement, peut rendre un son musical plein de corps. Les cordes étant très sensibles, le son sera ensuite amplifié avec toute l'émotion que le musicien aura mise au bout de son doigt.

On voit par là que la musique est un moyen d'expression à la fois recherché et concret. Tout commence par l'intention, tout aboutit au doigt qui touche la note, à l'archet qui frotte la corde. « Qu'avez-vous voulu dire ? », demande ce professeur de piano à son élève, avant de faire remarquer à celui-ci qu'il mettait trop de pédale dans son jeu, ou encore que certaines notes étaient jouées trop fort.

Il s'agit de comprendre l'intention avant de corriger le geste, car la plus complexe des intentions s'exprime par le geste élémentaire, lequel sert à traduire, mais peut tout aussi bien trahir l'intention de l'auteur ou de l'interprète s'il n'est pas accompli avec tact[1] et mesure. La *Sonate n° 38* de Haydn nous en fournit un bon exemple. Jouée mécaniquement, de façon feutrée et quasiment en sourdine, comme

---

1. Du latin *tangere* qui signifie « toucher » ; le double sens du mot est riche de connotations.

le font certains débutants, elle apparaît fade et sans intérêt et peut être reçue par l'auditeur comme un simple exercice propre à assouplir les doigts. La pièce, comme souvent chez Haydn, est cependant très subtile, marquée simultanément d'influence baroque et d'esprit pré-mozartien.

Encore faut-il avoir à l'esprit ce qu'il a *voulu* transmettre et ce que l'on peut transmettre en son nom, le tempo, l'élégance, l'incroyable allégresse de ses trilles, la tension entre les figures de rythme… Véritable discours à deux mains, elle use tour à tour de la grâce du legato et du piqué du *staccato*, de la mélancolie de la note grave à la jubilation de la note aiguë. S'agit-il d'exprimer l'amusement ? L'étonnement ? Chaque note doit trouver sa sonorité, le son juste, et être dite avec précision et élégance, sans automatisme.

Schubert, lui aussi, doit être bien compris, faute de quoi sa musique, déjà pleine d'émotion, peut apparaître trop chargée si l'interprète y ajoute la sienne propre. Ainsi, le début de *l'Impromptu n° 3 opus 142* est un chef-d'œuvre de simplicité bouleversante. Il n'y a rien à ajouter, simplement égrener les notes sur le clavier touché doucement, quasiment sans pédale, comme s'il s'agissait de chanter une berceuse à un enfant.

Jean-Jacques Rousseau établissait déjà la différence entre « le toucher dur et meurtrissant du violoncelle, de la contrebasse, du violon » et « le toucher lisse et poli du clavecin (qui) les rend aussi flexibles et plus sensibles en même temps »[1], tout en déplorant que « le pays où l'on écrit les plus beaux livres sur la musique est précisément celui où on l'apprend le plus difficilement ».[2]

De l'importance du toucher et de son équivalent psychologique, le tact.

De l'importance de la politesse, cette « grâce de l'esprit » dont nous parle le philosophe Henri Bergson, entendue ici non pas comme le respect des manières ou des convenances – encore que cela ne soit pas interdit ! –, mais comme cet état où tout mot, tout geste semblent parfaitement s'accorder à l'objet du discours ou de l'action, quel qu'il soit. Politesse de l'esprit, qui fait dire ce que l'on pense en y mettant les formes. Politesse du cœur sans laquelle il manque tout à cette « empathie » parfois factice ou à ce « sens de l'altérité » dont on nous rebat les oreilles de façon abstraite. Politesse de conviction, qui permet l'échange d'idées fermes sans pour autant ignorer le point de vue de l'autre.

Il y a là pour l'homme d'action un triple point d'application de sa formation intellectuelle et de son expérience professionnelle. S'y retrouve à chaque fois la grâce à travers la notion de politesse. Encore faut-il écouter ce sage conseil du philosophe :

« Rassemblez votre effort, concentrez votre attention, donnez à votre volonté sa plus grande force pour que votre intelligence atteigne à son plus grand rayonnement. Descendez au plus profond de vous-mêmes pour amener à la surface tout ce qu'il y a, que dis-je ? plus qu'il n'y a, en vous. Sachez que votre volonté peut faire ce miracle. »[3]

La musique peut nous aider à faire ce travail sur nous-même. Elle contribue à faire prendre conscience qu'entre la beauté froide et la grâce qui touche, il y a le mouvement ; mouvement encore qui va de la logique froide, qui indiffère, à la politesse qui séduit.

---

1. Jean-Jacques Rousseau, *Émile ou de l'éducation*, Garnier Flammarion, 1999, p. 147.
2. *Op. cit.*, p. 163.
3. Henri Bergson, discours de distribution des prix au lycée Voltaire, 1902.

La musique invite à allier beauté et sagesse, grâce et vertu. À cette fin, elle suscite cet effort sur soi pour déterminer ce qui en nous doit être atteint pour que nous parvenions à nous exprimer au dehors de façon pleinement gracieuse, c'est-à-dire polie.

Bannissons les idées reçues et les émotions incontrôlées, trouvons les bonnes attitudes et les bons gestes, en somme le bon « toucher ».

Œuvre recommandée

Joseph Haydn, *Sonates pour piano* (intégrale).
Walter Olbertz, Edel Classics (coffret).

Développer son « toucher »

Le manager musicien, lui aussi, s'efforce de « faire vibrer la corde sensible » ; il développe son « toucher », c'est-à-dire sa capacité à une appréciation intuitive, spontanée, de ce qu'il convient de dire, de faire ou d'éviter dans les relations humaines qui jalonnent sa journée avec toutes sortes d'interlocuteurs : supérieurs, pairs, collaborateurs, clients, fournisseurs.

Avec chacun d'entre eux, le « réglage » de la relation consiste à tracer un étroit chemin de crête entre la force et la séduction, la coopération et le conflit, l'initiative et la contrainte. La chose n'est pas aisée et il faut du temps pour comprendre que le management n'est pas affaire de lignes brisées mais au contraire de lignes courbes. La ligne courbe change de direction à tout moment, mais chaque direction nouvelle se trouve indiquée dans celle qui la précède.

Toujours savoir ce que l'on veut transmettre, autrement dit quel message on entend faire passer. Comment dire les choses à la fois nettement, les mots bien en bouche, sans toutefois heurter les sensibilités et les cultures ? Comment affirmer sans blesser, être efficace et attentionné ?

Les préceptes habituels du management : décider, coordonner, délé-guer, etc. ne sont que mots creux si le manager ne réfléchit pas à ses intentions.

Un esprit bien formé pour l'action et la vie en commun, comme l'est en principe celui du dirigeant ou du manager, se manifeste par la poli-tesse, traduction concrète de la grâce de l'esprit sage et soucieux d'harmonie. Toute autre manifestation ne serait que la traduction for-cément malhabile d'une pensée insuffisamment élaborée.

Le manager musicien charme par sa grâce, autrement dit par son art du mouvement. ▪

Innover

Improviser dans la discipline

Lorsqu'on pense au souci d'innovation à l'intérieur de la tradition ou de la règle, on songe en particulier au jazz.

Le grand pianiste de jazz Bill Evans nous rappelle utilement que « l'ambition du pianiste reste celle de la liberté contenue à l'intérieur des règles de l'improvisation, même rénovées, mais non l'abandon de toute règle ». Prônant ainsi une sorte de « conservatisme éclairé », il invite à innover sur des bases rigoureuses. Prenant pour modèle la pratique picturale japonaise, il est très sensible à la « discipline », qu'il juge indispensable à l'improvisation qui est loin d'être un jeu « où tout va toujours bien ».

Plus près de nous, Olivier Devillard, formateur, se réfère judicieusement au jazz dans les termes suivants :

« Dans l'univers musical, il faut dire que ce genre tient une place à part. Caractérisé par l'improvisation, il donne l'impression du fortuit, avec des moments extraordinaires qui semblent surgir du hasard. En réalité, l'improvisation est un art qui exige une structuration solide. Elle se construit grâce à la maîtrise, par le groupe, de thèmes musicaux et de leurs variations. C'est ainsi qu'il peut se permettre des moments d'invention, des échappées, et de toujours se retrouver. Passé maître dans l'art de s'adapter aux événements et à la dynamique de son équipe, le « manager jazzman » n'est plus ce chef d'orchestre rythmant et centralisant tout, mais un leader acceptant les périodes de solos de ses équipiers et un musicien au milieu des autres. Ce type de management implique de vraies qualités d'équipiers et une bonne habitude de « jouer » ensemble, de façon à connaître les scénarios opérationnels tactiques — les façons de s'y prendre dans telles situations — qui permettent alors l'improvisation. C'est à ces conditions qu'une équipe peut atteindre le brio du jazz… »[1]

---

1. Voir notamment Olivier Devillard, *Dynamiques d'équipes*, Éditions d'Organisation.

A priori, la métaphore du jazz entraîne l'adhésion. Toutefois, comparaison n'est pas raison : soyons prudents et assortissons ce propos souvent entendu dans la bouche des formateurs de quelques nuances.

L'orchestre de jazz, généralement de petite taille, est constitué d'instrumentistes de haut niveau partageant une culture musicale commune, se relayant au rythme des improvisations ; un groupe de ce type est cohérent, doté de compétences fortement complémentaires, tendu vers un but commun de « production » de mélodies et d'harmonies.

La hiérarchie y est à peu près, voire dans certains cas totalement, inexistante, et si tel leader imprime le rythme et donne la cadence, il agit là davantage en *primus inter pares* qu'en chef véritable. Dans un tel groupe, initiative et coopération sont portées à leur plus haut degré, au détriment respectif de la contrainte ou du conflit, irréductibles dans une entreprise réelle.

Le témoignage qui suit, émanant d'un musicien manager, tisse quelques liens heureux entre musique et management ; dans les deux cas, avant d'improviser et de tendre vers l'innovation, il faut d'abord connaître les règles du jeu.

« J'ai repris une entreprise familiale qui était historiquement très forte dans sa région et, compte tenu du marché de l'époque, tout se passait pour le mieux dans le meilleur des mondes possibles, et puis quand j'ai rejoint l'affaire, je me suis rendu compte au bout de deux ou trois ans qu'on ne pouvait absolument pas rester sur ce schéma-là, ma formation HEC m'a été utile pour cela. Par contre, la stratégie que j'ai mise au point de développement acharné de l'affaire a été tout à fait du même ordre que celle que j'avais mise au point tout à fait personnellement l'année où j'ai passé mon prix de piano au conservatoire (il réfléchit longuement). J'ai décidé dans les deux cas d'aller dans un sens auquel personne ne croyait, et d'y aller avec acharnement et persévérance, mais en bout de course j'ai eu le premier prix, premier nommé, au conservatoire, et professionnellement, les résultats de l'entreprise sont là maintenant pour prouver que

j'avais raison, alors qu'il y eu des années, ou des journées pour la préparation du prix, où la totalité de l'entourage me disait que j'étais complètement fou : "Tu vas te casser la figure en faisant ce que tu fais", et en fait c'était la même persévérance dans une donnée à laquelle personne ne croyait qui m'a permis de réussir... Au piano, j'ai travaillé en dépouillant mes morceaux de toute musique, j'ai fait un travail extrêmement mécanique et on m'a dit que c'était dramatique parce qu'après je n'arriverais plus à y mettre de la musique... Pourtant, en faisant ce travail mécanique, j'ai acquis l'aisance technique qui m'a permis de ne plus penser à la technique... »[1]

Contrairement aux idées reçues qui l'associent parfois à une approche évanescente et quelque peu languide, la musique est affaire de rigueur, approche structurée qui bénéficie au manager musicien.

En management comme en musique, « *il faut être le gardien du temple, c'est une sorte de jeu de rôle ; nous devons rappeler qu'il y a un début, une fin, des budgets... sans frustrer l'œuvre (des concepteurs de produits). La musique m'aide à écouter, à faire en sorte que l'œuvre s'exprime, mais dans le respect du tempo et de quelques principes intangibles, un peu comme dans la tragédie grecque.* »[2]

Œuvres recommandées

Bill Evans at the Montreux Jazz Festival, Verve.
Oscar Peterson, *Night train*, Verve.

---

1. Laurent, entretien de janvier 2007.
2. Michel, entretien de janvier 2007.

Improviser dans le respect des règles

S'inspirant de ces quelques exemples, le manager musicien doit procéder de la sorte. Il ne s'agit pas pour lui de faire ce qu'il veut, quand il le veut, où il le veut, mais au contraire de tenir compte de l'enseignement ou de l'expérience des autres tout en recherchant sans cesse, au besoin en usant de formations, conseils et accompagnements, des réponses nouvelles à des situations nouvelles.

L'invention est au management ce que la singularité est à la musique : dans les deux cas, l'universel ne peut se *révéler* qu'au travers de cas particuliers. Sinon, il n'est qu'abstraction, hors du temps, hors de l'espace.

De plus, la métaphore ne nous dit rien des enjeux de structures, de systèmes, de diversité géographique qui s'offrent à l'entreprise d'aujourd'hui.

Rien sur le rôle du dirigeant réel confronté à cette complexité.

Rien sur les inégalités de compétence, d'expérience et de culture des uns et des autres.

Reste une vérité profonde commune à la musique et au management : connaître les règles, les maîtriser à fond, permet de les dépasser et de prendre le chemin de l'innovation. ■

Inverser la hiérarchie

En musique, il est d'usage d'opposer le grave et l'aigu. Une fracture musicale, pour ainsi dire. Sur scène, l'orchestre est réparti en fonction de la tessiture des instruments, tandis que le pianiste coordonne sa main droite, généralement affectée à la production des sons aigus, et sa main gauche, vouée aux sons graves. La distinction entre le grave et l'aigu n'est pas en soi problématique puisqu'elle résulte de différences naturelles de fréquences entre les sons. La complication commence après, dès lors qu'on n'oppose plus l'aigu et le grave, mais le haut et le bas. Et l'on sait ce qu'il advient des représentations spatiales : l'aigu est réputé « vif » et « pénétrant », le grave se voyant affublé des qualificatifs de « lourd » et « pénible ». D'un côté, la grâce de la jeune violoniste toute en finesse, de l'autre, la pesanteur du tromboniste un peu fort...

Commence alors à se déployer l'échelle hiérarchique : l'alto, plus grave que le violon, jouit d'une moindre considération et se voit confié, à tort bien entendu, à des violonistes moins doués. Et que dire de la contrebasse dont les instrumentistes semblent avoir échoué là, par hasard, après maintes tribulations musicales ? On pourrait prolonger la déclinaison de ce thème à connotation sociale par l'observation suivante : la main gauche du chef d'orchestre, tournée vers les instruments aigus, exprime les sentiments, laissant à la main droite, s'adressant aux instruments les plus graves, la tâche de garantir le tempo. D'un côté, la noblesse de l'interprétation, de l'autre, l'obscur respect de la mesure. Même clivage au piano avec une main droite qui serait vouée aux charmes de la mélodie, et une main gauche cantonnée dans le rôle de gardien du temps. Frédéric Chopin ne disait-il pas : « Que votre main gauche soit votre maître de chapelle et garde toujours la mesure » ?

On voit par là que la musique, activité artistique certes, n'en obéit pas moins aux lois de la pesanteur sociologique. Mais elle se doit, en même temps, d'y échapper ; car le grave n'est pas pesant, ni la main gauche subalterne. Le beau jeu, au piano, consiste non pas à écraser les harmonies par la mélodie horizontale toute-puissante, mais au contraire de jouer « vertical » en faisant entendre tous les sons, les graves comme les aigus, les premiers donnant aux seconds toute leur plénitude, leur richesse, leur beauté. La main gauche doit, certes, garder la mesure (la main droite aussi d'ailleurs), mais elle participe tout autant que l'autre main à l'interprétation, à l'expression des émotions, au « rendu » de l'œuvre. Elle aussi a sa mélodie propre. Elle aussi peut innover…

Œuvre recommandée

Gustav Mahler, *Symphonie N °5*,
Virgin Classics.

Faire de chaque entreprise un tout

Utile leçon pour le manager : pour innover collectivement, il faut commencer par avoir la bonne « lecture » de l'entreprise et remettre les choses « à l'endroit ». Il n'y a pas d'un côté les « virtuoses de l'aigu », et de l'autre, les « soutiers du grave », mais bien un corps social complémentaire.

L'époque actuelle présente un imposant cortège de dépendances, au sein des entreprises, entre elles, entre pays et régions du monde. La gestion des flux est devenue une discipline à part entière du management, au même titre que la stratégie et la finance.

La tradition musicale doit s'adapter et aider chacun à reconnaître sa place, tout en invitant les plus « aigus » à l'humilité, les plus « graves » à la dignité.

Il en va de même dans le management : chacun, à sa place, peut et doit jouer son rôle. La responsabilité prime sur le pouvoir, les attributions l'emportent sur le poste. Le manager musicien fait clairement savoir qu'il a besoin de tous. Il fait en sorte qu'il en aille de même entre les collaborateurs. ▪

Décider

Donner le « la »

Dans le langage courant, « donner le ton » signifie que l'on expose à tout le monde et sans complexe son point de vue ou sa façon de procéder, dans le but d'être suivi scrupuleusement. Lorsqu'un chef d'orchestre donne le ton, gare au malheureux musicien qui « sonnera » encore faux par la suite.

Faire de la musique ensemble suppose donc que l'on s'accorde sur un « la » commun. C'est là que commencent les difficultés.

Le choix de ce son de référence, autrement dit sa fréquence, a d'abord été variable, situation pour le moins fâcheuse pour une référence. Il aura fallu attendre 1859 pour qu'il soit décidé, en France d'abord puis ailleurs, de fixer la fréquence du « la » à 435 Hz, fréquence fournie par le diapason réglé à cette hauteur. Mais à peine cette normalisation avait-elle été étendue au plan international (vers 1885) que la course vers le haut commençait.

Songeons qu'en moins d'un siècle, la fréquence du « la » est passée de 435 Hz à 445 Hz, sauf pour les ensembles de musique baroque qui choisissent encore un diapason de 415 Hz, demandant une tension moindre des cordes des violes et autres luths. Pour les autres, instrumentistes, chanteurs, sans parler des facteurs d'instruments soumis à des contraintes de tension de plus en plus fortes, cette « dérive vers le haut » pose de redoutables problèmes.

La grande soprano américaine Renée Fleming n'hésite pas à écrire :

« L'une des plus grandes difficultés parmi toutes provient du fait que l'orchestre est passé du "la" baroque à 430 Hz à 435 Hz au milieu du XIXe siècle, puis à 440 Hz au début du XXe siècle, et maintenant à 444 Hz à Vienne. Cette façon de faire a déplacé les notes d'un ton et demi avec le temps, ce qui lance un énorme défi aux chanteurs quand un morceau est déjà écrit très haut, ce que je mesure pleinement en chantant Mozart et Haendel avec des instruments de l'époque. »[1]

---

1. Renée Fleming, *The Inner Voice*, Viking, 2001, p. 148.

Elle ajoute que la taille des orchestres et des salles ainsi que la tendance à jouer toujours plus fort imposent au chanteur un volume sonore qui finit par épuiser leur voix, au lieu de se retenir :

« Ce qui ne veut pas dire jouer avec moins d'énergie, mais simplement donner à la voix une chance de tracer un arc excitant et de la rejoindre ensuite comme un cheval qui vient juste d'être lancé dans la course. »[1]

On comprend bien que cette course vers le haut tend à rendre la sonorité de la voix ou de l'instrument plus brillante. Plus brillante en effet, mais à quel prix ! Il y a là une sorte de querelle entre les anciens et les modernes, les uns s'intéressant à la notion de hauteur relative pour « régler » les notes entre elles, les autres poursuivant leur ascension vers d'improbables sommets… Mozart, qui ne passe pas précisément pour un mauvais compositeur, se « contentait » d'un « la » à 423 Hz. Pour une fois, la musique, victime d'une époque éprise de « toujours plus haut, plus vite, plus fort », ne nous donne pas le bon exemple. Et ce ne sont pas les artistes victimes d'accidents prématurés de la voix qui diront le contraire.

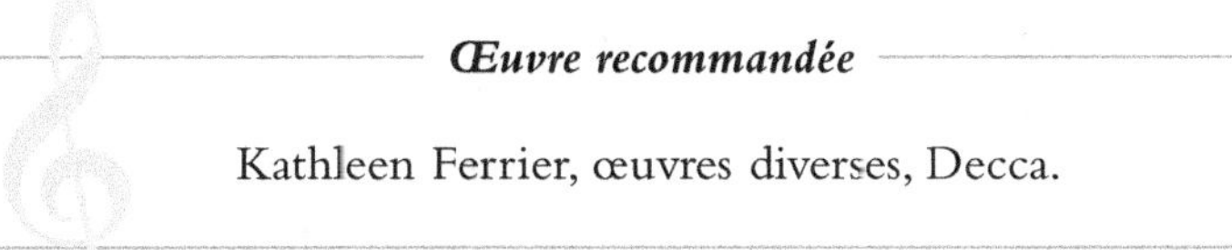

Œuvre recommandée

Kathleen Ferrier, œuvres diverses, Decca.

Montrer l'exemple de la détente

Le manager musicien doit-il faire usage d'un « la » toujours plus tendu ? Nous ne le pensons pas. Le management « sous tension », précisément, a fait ses preuves… par le vide, et n'est plus cité en exemple par personne comme la méthode idéale : en résultent trop de stress et trop d'inefficacité à long terme.

---

1. *Ibid.*

De même que la tension sans frein des cordes de l'orchestre finit par lasser l'oreille, de même la tension aiguë des rapports humains dans l'entreprise se termine généralement par un rapport de forces insoutenable.

Le manager musicien, lui, préfère le détachement volontaire, un registre plus détendu, ce qui ne signifie pas plus relâché, un « la » accessible au plus grand nombre et non aux seuls surdoués. ■

Jouer au bon tempo...

Dans une récente livraison, la lettre d'un cabinet de conseil en gestion financière d'entreprise, l'article principal s'intitule : « La finance : au-delà de la technique ». Le texte, plutôt bien rédigé, est illustré d'un métronome, symbole de rigueur ; sur la page suivante figure un pupitre d'orchestre, image par laquelle il faut sans doute comprendre que toute transition doit être dirigée avec une grande maîtrise, celle de l'orchestre bien entendu. Utile intrusion que celle de la musique dans le monde froid de la finance ! Après tout, les deux domaines sont affaire de rigueur et de précision.

Instrumentale ou orchestrale, la musique exige le choix du bon tempo : *lento, adagio, andante, moderato, allegretto, allegro, presto, vivace*, le nuancier est large. Sans parler des indications composites du genre *allegro moderato*, qui ne renseignent guère l'interprète, ou des indications par référence (*tempo di minuetto, tempo di valse*), qui ne font que suggérer une allure. Ni trop rapide, ni trop lente, celle-ci doit exprimer l'œuvre, la traduire, lui donner toute sa force. Le diagnostic du chef ou de l'interprète est ici primordial, quoique finalement très intuitif. Le choix du tempo est un art subtil : à travers lui, l'œuvre navigue aisément entre les écueils de la pesanteur et de la futilité.

Quant au métronome, il faut savoir en faire bon usage, car l'instrument permet de régler une vitesse d'exécution de 40 à 208 battements à la minute, soit un rapport de 1 à 5, ce qui laisse tout de même beaucoup de latitude pour donner sa durée à une simple et même note. Le métronome, en effet, permet au compositeur de fournir une indication précieuse sur la vitesse à laquelle il souhaite que l'on interprète le morceau de son cru (dès son apparition, Beethoven se saisira sans tarder de la précieuse invention pour indiquer ses souhaits avec précision). En outre, l'exécutant peut acquérir une grande rigueur en se servant du métronome pour contrôler tout dérèglement de la mesure, ce qui ne manque pas d'arriver lorsqu'il se laisse emporter par l'élan de l'émotion ou par la distraction. Le métronome joue le rôle d'un tuteur discret, d'un filet de sécurité. Mais en concert, ce tuteur n'a pas sa place. Il revient au chef et à ses musiciens de se « souvenir » du tempo, certes indiqué sur les partitions mais toujours en passe de se dérégler. Il suffit de voir à quel point ce dérèglement est fréquent pour se convaincre des vertus de la répétition.

En musique, il y a la mesure, il y a le rythme ; mais il y a aussi, propre à chaque œuvre, à chaque mouvement, le tempo. Le tempo communique avec nos sentiments qui ont eux-mêmes leur tempo. Donner à un sentiment de révolte un tempo languissant n'est peut-être pas la meilleure manière de toucher l'auditeur. Comme le rythme, le tempo n'est pas imposé de l'extérieur mais constitue l'œuvre elle-même.

Comprendre un tempo, c'est comprendre que, comme le disait brillamment Schelling[1], « la musique n'est pas dans le temps, mais c'est le temps qui est dans la musique ».

Œuvre recommandée

J.-S. Bach, *Variations Goldberg*,
Glenn Gould, Sony.

---

1. Friedrich Schelling (1775-1854), philosophe allemand attaché à unifier les contraires en un système unique : sujet-objet, réel-abstrait, humain-nature, etc.

Réfléchir lentement, agir vite

Le manager musicien fait en sorte de trouver le bon tempo. À cette fin, il se prépare et répète inlassablement. Il doit toujours se « caler » avant d'effectuer sa prestation en vraie grandeur : jeux de rôle, techniques audiovisuelles, accompagnements et formations sont faits pour établir ce bon réglage du fond, de la forme mais aussi du tempo.

Ces outils ne sont pas seulement faits pour les autres, ceux qui débutent dans le métier par exemple. Le manager musicien ne néglige jamais de se livrer à des exercices qui peuvent, à l'instant, paraître fastidieux, voire « inutiles » à ses yeux de cadre « sachant déjà tout cela, puisqu'il vit dans le concret tous les jours » pour reprendre une phrase souvent entendue.

Le choix du tempo est un facteur essentiel du succès. À la réflexion lente doit succéder l'exécution rapide. C'est le propre d'un bon processus de décision, processus souvent précipité dans nos pays latins.

Mais n'entendons pas seulement par tempo l'art de bien décider : faut-il encore faire les bonnes choses au bon moment (exigence qui renvoie à la nécessaire bonne gestion du temps) et les faire au bon tempo, un tempo propre à stimuler les collaborateurs sans les stresser et qui tienne compte de leur propre dynamique ? ■

Animer

Communiquer

Communiquer avec autrui repose d'abord sur une bonne connaissance de soi, tout comme la pratique du management suppose un examen approfondi des attitudes qui sous-tendent l'ensemble multiforme des comportements. À cet égard, nombreux sont les musiciens qui se félicitent de l'occasion qui leur a été donnée d'approfondir non seulement leur technique musicale mais aussi ce « Connais-toi toi-même » très socratique.

En outre, la musique relie les notes et les êtres. Même l'artiste soliste a pour dessein de communiquer à autrui l'émotion du compositeur en même temps que son style propre. Il est le lien entre la partition, jamais assez claire, toujours un peu énigmatique, et l'auditeur, éternellement en quête d'une compréhension de l'œuvre.

La pratique de la musique, selon un dirigeant-pianiste, aide à dégager l'essentiel pour communiquer clairement, facteur essentiel si l'on entend convaincre l'interlocuteur :

« *La musique m'a appris qu'on pouvait défendre une seule idée à la fois sur un sujet… Les gens ne retiennent qu'un nombre limité d'informations… En musique notamment, il y a une forêt de notes… Il faut dégager le sens dans la complexité, avoir la capacité d'expliquer, de convaincre, y compris sur des choses compliquées… Notre métier est un métier de complexité, il y a un tas d'influences contraires et contradictoires, et nous devons faire la synthèse, intégrer ces contraintes, trouver un sens.* »[1]

Clarté et conviction, certes, mais la musique apporte également la faculté de communiquer en profondeur.

---

1. Michel, entretien de janvier 2007.

> *Œuvre recommandée*
>
> Œuvres de Chopin et Liszt,
> Claudio Arrau, Urania.

Travailler la clarté et la profondeur

Le manager musicien se préoccupe sans cesse de communiquer clairement et en profondeur l'essentiel. Profondeur pour dégager le sens, clarté pour le transmettre…

Un pianiste amateur, premier prix de conservatoire et par ailleurs cadre dirigeant, confirme sans ambages le lien très fort entre son expérience musicale et sa pratique du management :

« La musique m'a apporté quelque chose d'extrêmement concret historiquement, du temps où j'étais commercial dans une agence de publicité… Je pense avoir pu communiquer plus aisément avec les créatifs qu'un commercial au parcours plus classique, dans le sens où je me souvenais vraiment de la façon dont mes professeurs m'ont enseigné la musique… Comment ils m'enseignaient… comment ils me faisaient comprendre que ce que je faisais était une catastrophe (*sic*), sans heurter ma sensibilité extrême… Donc, j'avais des rapports extrêmement doux avec les créatifs, j'arrivais à leur faire saisir pas mal de choses, tout en essayant de comprendre ce qu'ils voulaient traduire, j'arrivais plus facilement qu'un autre à les guider, à leur faire préciser le message qu'ils avaient à faire passer, sans perdre de vue le côté critique… Je pense que je savais prendre des gants, en me souvenant aussi des contre-exemples des mauvais professeurs de piano (qui rudoyaient les élèves), mais ce ne sont pas ces professeurs-là qui m'ont fait le plus progresser… »[1]

Le manager musicien doit dans ce but analyser et maîtriser la complexité faite de contraintes et de contradictions. Il doit en dégager ensuite le sens et le rendre accessible aux autres. Il doit enfin comprendre ce que veulent dire les interlocuteurs qui, eux aussi, aspirent à

---

1. Laurent, entretien de janvier 2007.

communiquer leur vision des choses et dont il faut savoir, si l'on souhaite capter leur attention, comprendre les intentions.

Bien entendu, il s'agit d'alterner, comme dirait le philosophe, l'univoque (explicite) et l'équivoque (implicite). Si le manager dit tout, règle tout, régente tout, il ne reste plus rien à inventer, à réguler, à faire, puisqu'il fixe à la fois le but, les contraintes et la manière de faire les choses. Il doit laisser à son discours sa part d'équivoque, autrement dit cet intervalle précieux à l'intérieur duquel les collaborateurs trouveront à s'exprimer.

Le management n'est pas une rhétorique faite pour endoctriner, flatter ou influencer.

Le manager est éloquent non pas par ses discours pompeux mais par ses actes.

Seul l'exemple, même muet, est capable de faire changer les autres non seulement d'opinion mais aussi de conduite.

Ainsi, de proche en proche, le manager musicien adoptera ce style dépouillé qui fera sa force : il aura l'impression de reculer en affichant moins de savoir (compétences) en faveur de plus d'avoir (talents) ; et encore il n'aura fait qu'une partie du chemin, car en définitive on attend de lui ni savoir, ni avoir, mais être, seulement être.

Il aura alors beaucoup avancé. ■

Libérer et maîtriser ses émotions

Comment évoquer un sentiment ?

La musique, nous l'avons dit, se confond avec l'émotion. Elle imite une réalité morale et la fait revivre dans l'expression d'un sentiment, dans l'évocation de la vérité d'un caractère ou d'un personnage. Mais si l'on voit bien comment un musicien peut s'y prendre pour peindre un ruisseau, un orage ou une action, on comprend plus difficilement comment il peut évoquer un sentiment, un caractère ou un personnage (second niveau).

Écoutons par exemple une œuvre de Franz Schubert. Nous y trouvons tour à tour la joie, la tristesse, le désespoir, le tourment de l'âme. Mais, comme le souligne Michel Cornu[1], si Schubert

---

1. *Op. cit.*

écrit sa musique à partir de ce qu'il vit, il met en même temps en forme ce qu'il vit, si bien que lorsque nous écoutons son œuvre, nous ne sommes pas ramenés à nos propres sentiments ou à ceux du seul Schubert, mais, bien plus profondément, nous sommes conduits à participer à la douleur du monde.

Dans son carnet, Schubert écrit :

« Mes œuvres sont les enfants de ma connaissance de la musique et de ma douleur. Ce que seul produit la douleur me donne le dernier plaisir du monde. »[1]

Une synthèse entre le sentiment, l'émotion et la pensée

La musique n'exprime pas les sentiments, elle *est* un sentiment exprimé ; elle réalise la synthèse du sentiment, de la sensation et de la pensée. Chacun de ces aspects se porte un mutuel appui. Bergson confirme parfaitement cette intuition de force résidant en la musique quand il écrit que nous *sommes* à chaque instant ce qu'exprime la musique, qu'il s'agisse de joie, de tristesse, de pitié, de sympathie. Non seulement nous, mais beaucoup d'autres, pouvons être même tous les autres. À dire vrai, nous dit-il, la musique n'introduit pas ces sentiments en nous, elle nous introduit plutôt en eux « comme des passants qu'on pousserait dans une danse ».

Observons un auditeur en train d'écouter une suite de sons ; les écoutant, il tente de leur conférer un sens, une signification. Là, la conscience qu'il peut avoir du principe d'imitation, la connaissance des règles qui régissent l'imitation peuvent l'aider dans son interprétation : chaque suite de sons correspond *pour lui et pour lui seul* à la peinture d'une passion ou d'un sentiment.[2] La multiplicité des suites de sons qu'il entend permet à celui qui écoute de se représenter une succession de passions : Désir, Espérance, Colère ou Hardiesse. Toutes ces passions ne font en réalité qu'enrichir les

---

1. Texte cité par Michel Cornu, *op. cit.*
2. Il suffit pour s'en convaincre d'écouter les « opinions » tranchées des auditeurs à la sortie d'un concert.

modes d'expression d'une passion unique : l'Amour. Il faut donc aller au-delà d'un simple doute privé qui ne voudrait rien dire. Il faut aller jusqu'à faire parler les sons afin que s'ouvre à nous ce monde des passions sur lequel les gestes vocaux ont prise directe.

Les différents stades de l'écoute

La matière sonore concrète, nous dit très bien le musicologue Pierre Truchot[1], lorsqu'elle se donne à l'auditeur, est détachée de ses sources, de ses causes physiques ; elle existe en tant que telle et peut évoluer en tessiture, en intensité et en timbre. La richesse de sa teneur fait qu'elle s'adresse non seulement à l'intelligence de l'auditeur, mais surtout à sa sensibilité.

Cette sensibilité est d'abord l'oreille sensorielle, mais, comme le souligne le compositeur Pierre Schaeffer, cette oreille ne saurait se résumer à un simple appareil physiologique. En affectant le cortex perceptif.

« Ce n'est pas seulement l'oreille "tout court" qui est affectée, oreille métaphorique, qui n'est pas un organe (remarquons-le en passant), mais tout le cerveau et, sans doute davantage, l'homme tout entier. »[2]

Cependant, celui qui est appelé à s'immerger dans une étendue sonore musicale doit abandonner ses habitudes perceptives s'il désire non pas seulement entendre mais écouter des œuvres pour grand orchestre comme *Atmosphères* ou *Lontano* de Ligeti. En effet, Pierre Schaeffer insiste sur les qualités nécessaires de l'auditeur, qualités qui dépendent moins de son intelligence que de son intuition et de sa sensibilité :

« Je pense que c'est bien artificiel, notre écoute, bien sottement moderne, et que nous écoutons la musique en intellectuels alors que nous devrions écouter toujours la musique comme des hommes primitifs… Car nous

---

1. Pierre Truchot, « Une approche bergsonienne de la spatialité en musique, *Asterion* n° 4, avril 2006 *http://asterion.revues.org/document573.html*
2. Pierre Schaeffer, *De l'expérience musicale à l'expérience humaine*, cité par Pierre Truchot.

sommes toujours des hommes primitifs [...]. Nous écoutons la musique avec nos mains ! »[1]

Une expression à retenir !

Ce qu'il y a de primitif en l'homme, ce sont les sensations ; ce sont elles qui nous permettent de percevoir l'étendue musicale, cette diversité de qualités sensibles constituée de sons. Bergson voit le lien intrinsèque qui unit toutes les sensations à l'étendue, autrement dit à la perception subjective de l'espace :

« Une psychologie plus attentive nous révèle [...] et révélera sans doute de mieux en mieux la nécessité de tenir toutes les sensations pour primitivement extensives. »[2]

L'oreille, le cerveau, les mains, les organes périphériques du corps, conclut Pierre Truchot, sont donc primordiaux pour écouter et saisir l'extension de la musique. Par conséquent, l'éducation à cette musique nécessite une mise en condition de l'auditeur, auquel l'éducateur doit demander de mettre à distance son intelligence afin qu'il accepte que son corps soit primitivement affecté. Ce qui est remarquable dans ces conditions d'écoute est qu'aucune erreur n'est possible : l'ouïe ou les sens ne peuvent pas se tromper.

Tel est le pouvoir de l'émotion musicale. Il ne s'agit donc pas de l'analyser mais tout simplement de l'éprouver. L'erreur provient toujours de l'intelligence qui se trompe sur ce qui lui est donné à penser. Les mots obstruent la pensée au lieu de la faciliter. Pensons encore à Schubert. Quand il compose une *Wanderung*, il ne s'agit pas de décrire une simple promenade, une banale excursion, mais plutôt un mouvement de l'être suscité par le mouvement du paysage, une exploration de son propre pays intime, une communion avec la nature, une déambulation intérieure, etc. La musique de Schubert, avec ses nombreuses répétitions et ses œuvres si souvent inachevées, semble devoir se prolonger encore, ne devoir jamais

---

1. *Ibid.*
2. Henri Bergson, *Matière et mémoire*, PUF.

cesser. Par cette structure, Schubert nous livre un aspect fondamental de la musique : ce qui s'achève tombe dans le néant.

Le philosophe Maurice Merleau-Ponty dans sa *Phénoménologie de la perception* a cherché à décomposer les différents stades de l'écoute d'une musique, mettant parfaitement en évidence l'importance grandissante du corps lors de la perception de sons musicaux. Il y a d'abord « un son objectif qui résonne hors de moi dans l'instrument, un son atmosphérique qui est entre l'objet et mon corps ». Puis, « un son qui vibre en moi comme si j'étais devenu la flûte ou la pendule », et enfin un dernier stade où « l'élément sonore disparaît et devient l'expérience, d'ailleurs très précise, d'une modification de tout mon corps ».[1]

L'ensemble du corps de l'auditeur devient alors l'objet d'une expérience par laquelle la musique crée une étendue qualitative qui force l'intelligence à se désengager, à accepter d'être dépassée par les pouvoirs du corps. Accepter d'entendre avec ses mains, avec l'ensemble de son corps est l'expérience capitale que propose l'étendue sonore de la musique, car c'est à partir du corps qu'une perception profonde peut se construire par et pour l'auditeur.

Déjà, au XVIIIe siècle, Jean-Philippe Rameau s'efforçait de ramener le principe « divin » de la musique à une mécanique des passions, selon une démarche similaire allant du corps à l'âme.

« Parce que la musique touche le corps, elle se glisse jusqu'à l'âme et l'émeut. »[2]

Isabelle Peretz, professeur au département de psychologie de l'université de Montréal et spécialiste de la perception de la musique, met bien en évidence le divorce entre l'émotion musicale et la connaissance musicale, distinction qui emporte naturellement des conséquences pratiques.

---

1. Maurice Merleau-Ponty, *Phénoménologie de la perception*, cité par Pierre Truchot, voir *supra*.
2. Catherine Kintzler, *Jean-Philippe Rameau. Splendeur et naufrage de l'esthétique du plaisir à l'âge classique*, Minerve, 1988.

« Les enseignants, par exemple, croient volontiers que l'apprentissage de la musique rend leurs élèves plus intelligents ou qu'il facilite à tout le moins, chez eux, l'étude des mathématiques. Ils se trompent : l'effet n'est pas direct. Ce qui améliore la capacité des élèves de résoudre des problèmes mathématiques, ce n'est pas l'apprentissage du langage musical, mais l'apprentissage de l'effort, l'apprentissage de la rigueur, qui, partant de la musique, se généralise aux autres formes de gymnastique mentale. »[1]

Il en est ainsi de « l'effet Mozart », expression faisant référence à une étude publiée il y a quelques années montrant qu'après avoir écouté Mozart pendant dix minutes, des étudiants californiens amélioraient leur quotient intellectuel. Certes, l'effet Mozart est difficile à reproduire. Mais lorsqu'on y parvient, l'amélioration observée s'explique par un simple effet d'éveil accru.

Le sujet est décidément dans l'air du temps : il y a urgence à se réapproprier l'émotion. Comme le confirme cet universitaire québécois :

« On enseigne trop cognitivement sans faire appel à l'émotion, alors qu'on sait qu'elle est la maîtresse de la raison. On n'apprend pas à partir d'un comportement négatif, donc d'émotions négatives. Si je vous demande de jouer au piano un mouvement de sonate que vous avez appris, vous allez jouer celui que vous aimez le plus. Celui que vous n'avez pas aimé, vous l'aurez oublié. Il faut sortir de cette contrainte de tout intellectualiser sans l'apport de l'émotion. »[2]

Ainsi, la première ligne de la *Sonate Hoboken XVI-27*[3] de Haydn traduit l'allégresse furtive et provisoire, grâce à une succession de

---

1. Isabelle Peretz, *À quoi sert la musique ?* dans le Temps stratégique, mars-avril 2000. Voir : *www.facus.umontreal.ca*
2. Jean-Paul Despins, professeur à l'Université du Québec à Montréal. Voir : *www.scena.org*
3. Le catalogue répertoriant les œuvres de Haydn porte le nom de son auteur, Anthony van Hoboken, musicologue hollandais du XXe siècle.

notes ascendantes enjolivées d'ornements, avant la pause symbolisée
par le trille :

Dans l'*adagio* de la *Sonate Pathétique*[1], Beethoven communique
une sorte de résignation (ligne mélodique en mode mineur
enchaînée main droite, main gauche) suivie d'un sursaut (passage
en mode majeur, accords puissants, nuance *forte*).

Évidemment, la musique, qui, répétons-le, n'est pas un langage,
dépeint plus qu'elle ne décrit, évoque plus qu'elle n'analyse, suggère plus qu'elle n'impose : elle peint les humeurs en passant de la
sérénité du mode majeur à la mélancolie du mode mineur. Elle
alterne la douceur des consonances, qui symbolisent joie et désir,
et la rudesse des dissonances, qui marquent le chaos et la rupture.
D'un côté, l'espoir d'un monde harmonieux, de l'autre, la tristesse

---

1. Ludwig van Beethoven, *Sonate Pathétique n° 8* opus 13, deuxième mouvement, *adagio
cantabile*.

du bouleversement. Elle est ce miroir où les sons se muent en images, en évocations, en désirs.

« L'enjeu n'est pas mince : en disant les passions par la musique, c'est avec l'homme que l'on communique. En nous affectant, la musique ouvre un monde caché à l'entendement humain. En révélant nos passions, elle crée un pont entre l'âme et le monde. En réveillant nos émotions, le chant rend perceptible l'invisible, il permet de pallier une absence. »[1]

Encore faut-il pour l'interprète tout à la fois exprimer ses émotions et les contrôler. C'est exactement ce que nous dit une orfèvre en la matière, la cantatrice Renée Fleming[2] :

« Nous devons exprimer (en anglais : to act, comme si l'artiste voulait insister sur la nécessité d'agir) *nos émotions et les contrôler en même temps. Qu'importe que nous soyons bouleversés à un moment donné, nous ne pouvons céder aux larmes tandis que notre amant nous quitte alors que nous sommes sur notre lit de mort, parce qu'il nous faut chanter et que le chant et les larmes sont hautement incompatibles. Le moment où le spectateur commence à voir que moi, Renée, je souffre, correspond au moment où il oublie la souffrance de Violetta. »*[3]

Un grand chef nous parle de cette « lévitation émotionnelle » proposée à l'auditeur grâce au contrôle de l'interprétation. Tout à fait dans cet esprit, Michel, cadre dirigeant, reconnaît avoir, grâce à la pratique du piano, considérablement progressé dans le domaine émotionnel :

« La musique, oui c'est de l'émotion, mais quand j'écoute trop ce que je joue… quand je suis trop pris par l'intensité, je déraille… En tant qu'interprète, il faut mettre à la fois beaucoup d'émotion et beaucoup de contrôle… Je ne parle pas d'écouter, là l'émotion peut dominer, mais dans l'interprétation, c'est de l'émotion à revers… Il

---

1. Denis Laborde, *op. cit.*
2. Renée Fleming, *op. cit.*
3. Allusion au personnage de Violetta dans *La Traviata* de Verdi.

faut se laisser pénétrer par quelque chose qui au départ vous est étranger et vous remue un peu, et en même temps contrôler cette émotion… Par exemple, en musique, il faut essayer en principe de lire au moins deux mesures d'avance… Or, quand je suis trop dans la note, que je m'écoute trop jouer, je réduis l'avance, je réduis cette anticipation, donc il faut de l'émotion contrôlée, ce qui est essentiel dans la vie de tous les jours… Je suis arrivé très jeune à la tête de cette entreprise et ce que j'apprends c'est probablement ça, à canaliser l'énergie, à la rendre plus positive, à diminuer les zones d'affrontement, à cantonner l'émotionnel pour faire la synthèse entre ce qui est beau, utile, cohérent, faisable, réalisable dans un délai normal… L'émotion et puis la capacité à maîtriser tout cela, à ordonner tout cela… »[1]

Toutefois, précise Pierre, le monde de l'entreprise, surtout de la grande entreprise, est moins ouvert aux émotions que celui de la musique car il est « bardé » de processus, procédures et autres tableaux préformatés qui freinent parfois l'expression émotionnelle. Celle-ci doit être néanmoins encouragée, au même titre que l'expression du subconscient, pour favoriser l'innovation. On arrive à mieux travailler ensemble, si ensemble s'expriment l'émotion, l'imagination, l'intuition… Et la musique peut y aider car elle incarne bien ces notions et peut favoriser l'ouverture à des approches dites de « rupture ».

Œuvres recommandées

Beethoven, *Sonate Pathétique*, Appassionata
& Waldstein, Claudio Arrau, Philips.
Verdi, *La Traviata*, Carlos Kleiber,
Deutsche Grammophon.

---

1. Michel, entretien de janvier 2007.

Développer son intelligence émotionnelle

Belle leçon pour le manager musicien qui doit tout à la fois reconnaître ses émotions (c'est-à-dire ne pas les nier), les nommer et les contrôler. Apprendre à ne pas gaspiller son énergie.

En cela, répétons-le, la musique peut l'aider tant elle « peint » avec justesse l'émotion sous toutes ses formes. Rien n'est plus salutaire que l'audition d'œuvres musicales pour parfaire l'analyse de ses propres émotions. Désir, colère, hardiesse, peurs diverses, rien n'échappe à la musique, elle exprime tout, signifie tout, balaie tout le spectre des émotions.

Certains théoriciens du management considèrent que le professionnalisme, entendu au sens de la maîtrise des diverses techniques liées à l'exercice d'une fonction dirigeante, se suffirait à lui-même. Il n'y aurait pas besoin, à les croire, de prendre en compte la diversité des cultures, la variété des réactions individuelles, la réalité des émotions.

Que fera-t-on quand les entreprises auront été vidées de leurs émotions, seront devenues froides et impersonnelles ? Étrange paradoxe car l'entreprise offre le plus souvent le spectacle de dirigeants stressés, dominés par leurs émotions, précisément parce qu'ils persistent à les ignorer. Le manager rationnel, certes, travaille et fait travailler ses collaborateurs. Il propose à tous un raisonnement, un plan, des moyens.

Le manager musicien prend en compte tout cela, mais va au-delà. Non seulement il n'annihile pas les émotions, mais, en outre, il les déclenche, les utilise sous la forme d'une énergie positive et comme un processus d'accession à la connaissance. Il laisse libre cours aux émotions dans l'entreprise, discerne les émotions derrière les mots, les intentions par-delà les humeurs, l'inquiétude d'un visage, le mouvement des mains, la gestuelle du corps...

Colères et peurs existent dans la vie, donc dans l'entreprise. Mieux vaut utiliser les émotions pour en faire quelque chose... proposer à chacun un sens, un projet, une implication. Les collaborateurs ont des esprits et des cœurs. Ils souhaitent, outre la compréhension intelligente des faits, la reconnaissance de leurs émotions, de leurs erreurs, de leurs difficultés dans l'accomplissement de leurs tâches.

Le stress des cadres, maintes fois décrit et décrié, est généré non seulement par le télescopage quotidien des priorités mais également par la non-prise en compte de ces aspirations multiples. L'écoute vraie est empathie, compréhension des émotions, recherche de solutions. Elle n'est jamais assez active, profonde. Non directive, elle doit toujours provoquer reformulations et transpositions. Elle est attentive à tout.

L'intelligence du manager musicien gagne en discernement, en profondeur et en capacité d'anticipation, tant celle-ci s'émousse dès que déferlent les émotions. ■

Le concerto ou le dialogue multiforme

Le concerto donne matière à de riches ouvertures pour le dirigeant musicien. Dans la sonate ou toute autre pièce pour instrument seul, il s'agit d'exprimer tout son « moi » ; toute l'attention est portée à l'expression de l'émotion de l'interprète, mêlée à l'intention supposée du compositeur. C'est un « moi » solitaire, méditatif. Dans le concerto, au contraire, le « moi » se doit d'être tempéré, arrangé, convenable. Le « moi » y est accepté mais dans sa dimension sociale, il est là pour échanger. Est-ce pour cette raison que Schubert et Chopin délaissèrent ce genre considéré comme trop « mondain » ?

Un dialogue aimable

Le *dialogue* entre le soliste et l'orchestre consiste-t-il à « converser » ou au contraire à « lutter » et « se battre » comme l'indique son étymologie latine ? Dans la réalité, soliste et orchestre ne se couvrent pas, ils n'énoncent pas simultanément deux idées concurrentes, ne se contredisent pas, ne se coupent pas la parole. À l'inverse, ils multiplient les amabilités, se mettent en valeur et s'assistent mutuellement. Nulle marque d'hostilité dans leurs rapports, et si d'aventure leurs débats prennent une allure martiale, l'on serait plutôt tenté, quitte à rester dans l'imagerie militaire, par la métaphore de l'armée en parade. Empanaché comme un général, le soliste passe ses troupes en revue tandis que l'orchestre, en bon ordre et impeccable, présente les armes. Après tout, certains concertos de Beethoven évoquent bien cette ambiance martiale.

L'alternance

Étudions de plus près les formes prises par ce « dialogue ». Commençons par souligner que le soliste et l'orchestre disent rarement

« la même chose ». En musique concertante, il ne s'agit pas de jouer la même partition mais plusieurs partitions complémentaires. Il peut arriver cependant qu'un instrument de l'orchestre – flûte, hautbois, clarinette – vienne *doubler* la mélodie jouée au piano, comme dans le *Concerto en la mineur pour piano* de Schumann. L'orchestre soutient alors le soliste mais temporairement, à un moment clef de l'œuvre. Et lorsqu'un instrument de l'orchestre, une clarinette par exemple, se détache de l'orchestre pour venir dialoguer avec le pianiste-soliste, il ne s'agit pas d'une sonate pour clarinette et piano, mais bien d'un dialogue entre l'orchestre, à travers « sa » clarinette, et le soliste. En d'autres termes, l'orchestre reste présent à travers chacun de ses musiciens et poursuit son dialogue *via* son représentant du moment. Car l'alternance est la situation-type du concerto. L'orchestre et le soliste se passent la parole à l'aide de formules de transition, de silences, d'accords joués ensemble. Il se peut que cette alternance soit redondante, car chacun dit au fond la même chose, mais il le dit à sa manière, avec ses moyens, et il est important qu'il le dise même si l'on croit entendre une répétition.

La réplique

De l'alternance, on passe parfois à la réplique. Là, le va-et-vient se fait serré, dense, entre le soliste et l'orchestre. Il peut même déboucher sur l'affrontement, mais ce sont là brefs épisodes, certes tendus, mais très vite suivis d'un retour au calme. On a frôlé l'explosion, mais au fond, la tension a servi de prélude à la sérénité, car le plus souvent, l'orchestre *soutient* le soliste, lui apportant les harmonies propres à enrichir les mélodies, les pizzicatos créateurs de rythmes, en somme, la toile de fond mettant le soliste en valeur. Mais il arrive aussi que le soliste se fonde dans l'orchestre, le soutienne à son tour, avant de reprendre la parole. Bien soutenu et libéré des contraintes harmoniques et rythmiques, le soliste peut alors se livrer à fond, montrer son agilité et son brio, à coup d'arpèges, de gammes et de trilles.

L'ornementation

L'ornementation dont le soliste fait preuve ne serait pas possible sans le travail de fond de l'orchestre, lequel est là aussi pour *ponctuer* le solo, en marquer le début et la fin.

Dans le concerto, les partenaires ne s'opposent pas, ils ne rivalisent pas. Contrairement aux apparences, le soliste n'est pas là pour lui-même. Il n'est pas là, interprète solitaire d'une *Sonate* ou d'un *Impromptu*, allant au bout de lui-même. Le soliste et l'orchestre collaborent, parfois dans la tension, et se transmettent leurs rôles selon certains rites. Plutôt que de se disputer tous ensemble le devant de la scène, ils se relaient dans le respect des convenances et avec amabilité. Leur différence n'a pas besoin d'être affirmée à tout moment ; elle tient à ce qu'ils n'occupent pas la même place. Leur identité, leur fonction, leur timbre ne sont pas les mêmes.

L'exemple du Triple concerto pour piano, violon, violoncelle[1] de Ludwig van Beethoven est particulièrement éclairant des modalités du dialogue concertant, dans la mesure où trois solistes, et non pas un seul, entreprennent un dialogue avec l'orchestre. Tantôt les solistes dialoguent entre eux, au rythme lointain de l'orchestre, tantôt ils se rapprochent de lui et recherchent l'échange. L'œuvre est admirablement maîtrisée avec son allegro introductif très concertant, le largo en la bémol qui crée une atmosphère plus intime et chantante, le rondo alla polacca qui complète l'œuvre et constitue sa conclusion brillante. L'orchestre, face au soliste-chef[2], « serre les rangs », tient son identité, sa raison d'être, la réciproque étant symétriquement vraie.

Les dérives du concerto

Amorcées par Brahms, les dérives du concerto moderne sont elles aussi prémonitoires des menaces qui pèsent sur le dialogue social : sous couvert de participation, tous les pupitres se mettent à prendre

---

1. *Triple concerto pour piano, violon, violoncelle* et orchestre en ut majeur opus 56.
2. Il arrive fréquemment que le soliste dirige aussi l'orchestre, tandis qu'il joue, notamment dans les concertos de Mozart, qui font appel à des formations orchestrales légères.

la parole quand bon leur semble, sans considération pour le soliste, sans attention pour les autres pupitres. S'ensuit une cacophonie déroutante par laquelle, à force de méconnaître le rôle des autres, on finit par oublier le sien. Est-ce là le modèle à suivre ? Doit-on transmuer le concerto en une sorte d'agora déconcertante où la place de chacun équivaut, somme toute, à celle de l'autre ?

Certes, il convient d'éviter les abus de la tentation métaphorique : si le concerto nous fournit quelques prémices d'un dialogue fructueux (mais exigeant) entre le dirigeant et ses collaborateurs, il s'agit bien d'un dialogue fictif, d'une métaphore de conversation, comme dans une œuvre polyphonique où les voix parlent harmonieusement mais ne *se* parlent pas, ne s'adressent pas l'une à l'autre. Rappelons ici le propos d'Héraclite :

« Ils (les hommes) ne comprennent pas comment ce qui s'oppose à soi-même est en même temps harmonie avec soi, tout comme les tensions opposées de l'arc et celles de la lyre. »[1]

L'échange courtois, si possible, de points de vue contradictoires avec l'interlocuteur permet de dégager un consensus non pas lisse et superficiel mais profond, car enrichi de tous les regards et des meilleures idées et pratiques.

Celui qui dirige joue juste : sa lyre est bien accordée.

Œuvre recommandée

Beethoven, *Triple concerto pour piano, violon, violoncelle et orchestre en ut majeur*, opus 56. Geza Anda, piano ; Wolfgang Schneiderhan, violon ; Pierre Fournier, violoncelle. Deutsche Grammophon.

---

1. Héraclite, *Fragments*, Garnier Flammarion, 2002.

Aider chacun à trouver sa place

Comment ne pas penser ici à nos modèles managériaux où le dirigeant se pose à la fois en guide, tour à tour éclaireur et vigile, médiateur et décideur ?

Miroir de l'entreprise, il donne à celle-ci la parole mais il la prend d'elle. Et quand le violon de l'orchestre s'avise de dialoguer avec le soliste, il le fait au nom de l'orchestre et par délégation de celui-ci.

Dans l'entreprise comme dans l'orchestre, chacun joue sa partition. Bien entendu, le « dialogue des sons » au sein de l'orchestre n'équivaut pas à l'échange d'idées au sein de l'entreprise. Il n'empêche qu'il ouvre des voies.

Chacun est dans son rôle, pratique le soutien, l'alternance, donne et reçoit la réplique. Les échanges peuvent être vifs, la tension est inéluctable, le ton parfois emporté.

Diriger consiste, entre autres, à dialoguer, à s'entretenir à plusieurs. Les journées du dirigeant sont faites de cela. Les interlocuteurs se succèdent, prennent la parole les uns après les autres et cette alternance constitue et nourrit le dialogue. Encore faut-il que chacun trouve sa place. Et comment la trouverait-il s'il ne commençait pas par accepter que le partenaire – collaborateur, client, fournisseur, partenaire social, conseiller – trouve la sienne ?

Les solistes du *Triple concerto* de Beethoven forment une sorte de comité de direction. Ils dialoguent entre eux mais n'oublient pas de se mettre en relation avec l'orchestre, quitte à échanger en termes vifs, à la limite de l'intrusion ou de la rupture. ■

Les bienfaits du refrain

Le refrain est fondé sur le principe le plus simple de la musique : la répétition textuelle. La phrase musicale, si courte soit-elle, devient refrain par le fait qu'elle est répétée textuellement par rapport aux couplets, qui eux varient sur un même fond mélodique.

La répétition du refrain, entrecoupée par des couplets, fait que le refrain marque le retour de quelque chose qu'on a momentanément quitté (dans les rondos, les sonates, les concertos, le retour au refrain marque également le retour à la tonalité principale du morceau) et qui constitue le vif du sujet.

Le menuet obéit à la structure A-B-A, le premier motif étant systématiquement repris à la fin du morceau. L'introduction semble nous murmurer «Voilà ce que j'ai à vous dire », alors que la conclusion paraît nous indiquer « J'espère que vous avez bien entendu ce que j'ai voulu vous dire ». Tandis que l'exposition du thème est plus explicite, la conclusion se fait plus douce et fluide. L'auditeur est déjà au courant. Il est devenu complice.

Le couplet peut s'oublier, mais la fonction du refrain est d'être un élément conçu pour s'imprimer fortement dans la mémoire avec une évidence de forme et de « dessin musical ». En musique, la répétition ne lasse pas, tout simplement parce que la musique est insensible aux répétions ; bien au contraire, elle rythme, elle jalonne, elle marque le parcours de l'œuvre.

Prenons l'exemple de la *Sonatine n° 1* de Frederik Kuhlau, pièce familière aux jeunes pianistes, dont le premier mouvement *allegro* commence par l'exposition du thème.

Après un développement, le même thème sera repris en fin de morceau avant de déboucher sur la conclusion finale.

La répétition joue un rôle très important en musique, elle lui confère une grande puissance, une faculté d'envoûtement, comme dans le leitmotiv wagnérien ou dans des *lieder* de Schubert. La répétition musicale entrouvre à l'oreille un univers magique, incantatoire, enchanteur. Elle est bienfaisante, à l'instar d'une prière maintes fois redite. Elle pallie ainsi le manque d'attention du « lecteur » de l'œuvre, sa lenteur à comprendre, la surdité de son esprit…

De la même façon, le thème initial du rondo de la même Sonatine n° 1 sera repris deux fois pendant le cours du mouvement, marquant l'intention de se recaler sur des bases connues avant d'entreprendre de nouveaux développements et de conclure sur ce même refrain.

Autre exemple : la musique de Schubert dont les œuvres se déploient souvent selon des structures répétitives *a priori* très contraignantes. Certains auditeurs estiment cette musique ennuyeuse, disant qu'elle présente toujours la même chose. Or, la lecture précise et attentive des partitions du compositeur révèle la présence de détails dont la mise en valeur donne une dynamique formelle réelle à sa musique. Dans le célèbre *Lied Marguerite au rouet*[1], la main gauche imite – à merveille – le mouvement du rouet accompagnant la mélodie. Mais au lieu d'un accompagnement monotone, Schubert nous livre des variations continuelles, de sorte qu'aucune mesure du jeu de la main gauche ne ressemble à l'autre.

---

1. Franz Schubert, *Gretchen am Spinnrade.*

En réalité, Schubert ne se répète pas, ce qui implique que les « détails » de son écriture ne soient pas conçus comme des ornements plus ou moins futiles ; ils traduisent au contraire un perpétuel souci d'évolution, de renouvellement. L'audition des *Sonates* de Schubert interprétées par S. Richter met si bien en évidence les détails des compositions schubertiennes que son interprétation donne l'impression d'une spontanéité improvisée, alors qu'elle est au contraire largement préméditée. Car, comme l'exprime très bien Chris de Souza dans sa présentation de l'enregistrement de l'œuvre :

« Un regard même rapide sur les sonates de Schubert révèle une forte charpente derrière le ravissant feuillage sonore et un étrange sens de l'orientation harmonique, dont les points clefs sont rehaussés de saisissantes modulations. »[1]

Œuvres recommandées

Friedrich Kuhlau, *Sonates pour flûte et piano* (intégrale).
Christiansen, flûte & Westenholz, piano.

Maurice Ravel, *Boléro* et autres œuvres,
Zig Zag territoires.

Ne pas craindre la redite

Voilà encore matière à réflexion pour le dirigeant. Dans le discours managérial, la répétition est *a priori* proscrite. Or, le manager musicien ne doit pas craindre la redite, pourvu que celle-ci encadre des développements variés et adaptés aux situations.

Pour convaincre, il faut que son propos soit émaillé de « refrains » managériaux, sans crainte de la répétition.

---

1. Franz Schubert, *Sonates pour piano* par Richter, BBC Legends.

Le refrain ne se présente pas nécessairement comme un tissu de platitudes ressassées à longueur de journée ; il peut au contraire prendre la forme de valeurs partagées qu'il importe de rappeler régulièrement, de principes d'action, de mots d'ordre ou encore de slogans.

Il doit être simple et sonner comme une évidence vers laquelle on revient toujours. Les évidences sont faites pour rassembler.

Il faut aussi trouver des moyens de les faire passer sous diverses formes – écrites, orales, sonores, visuelles. L'important est qu'elles frappent les esprits en sachant les présenter de façon renouvelée. ■

Consonances et dissonances

Les consonances et les dissonances sont consubstantielles à la musique, comme les sentiments qu'elles évoquent le sont à la vie. Il faut jouer les deux, sans chercher à glisser sur les dissonances, faute de quoi l'effet voulu par le compositeur disparaîtrait complètement : il faut savoir « zoomer » sur les dissonances plutôt que de chercher à en gommer l'effet. Observons au passage que les dissonances d'hier peuvent devenir les consonances d'aujourd'hui, l'accord de tierce était réputé jadis dissonant.

Quoi qu'il en soit, en musique, y compris en musique tonale, tout accord ou mélange de notes n'est pas forcément euphonique, c'est-à-dire agréable à l'oreille. Des compositeurs aussi classiques que Haydn, Mozart ou Brahms ont utilisé la dissonance dans certaines de leurs œuvres parce qu'il leur semblait quelquefois utile de sonner faux, de faire « grincer » les instruments, en prélude à l'embellie que serait la consonance.

Dans son célèbre quatuor *Les Dissonances*[1], Mozart fait usage, sans modération, de fausses relations et de frottements impitoyables entre les instruments, pratique que de vénérables théoriciens devaient présenter comme hérétiques alors que l'œuvre s'en trouve au contraire colorée de façon magistrale.

---

1. Mozart, quatuor K 465.

La dissonance n'est en aucun cas une fausse note qu'il conviendrait de dissimuler honteusement, une tache sur la nappe aussitôt recouverte d'une serviette. Elle est tension passagère, nécessaire et rugueuse, au sein de l'œuvre musicale qu'une harmonie constante rendrait monotone et ennuyeuse.

La dissonance musicale pourrait se décrire, mais il s'agit là d'une interprétation sans doute personnelle, comme une sorte de tourment passager ; elle se « résout » en consonance, c'est-à-dire qu'elle l'annonce comme un dénouement heureux. Les musicologues n'appellent-ils pas « résolution » le fait pour la note dissonante de rejoindre « par le plus court chemin » l'emplacement consonant le plus voisin possible ?

Œuvre recommandée

Mozart, quatuor *Les Dissonances K 465*,
Quatuor Hagen, Deutsche Grammophon.

Mettre le doigt où ça fait mal

Le manager musicien sait « mettre le doigt où ça fait mal », dans la mesure où tout dans l'entreprise n'est pas harmonie. Faire taire les contradictions peut être agréable dans l'instant, mais elles finissent par sourdre à nouveau après un long cheminement souterrain.

Les crises ont ceci d'utile qu'elles permettent la montée des dissensions, qu'il faut savoir entendre avant de les réguler. Les juguler avant même qu'elles ne s'expriment, ou pratiquer un management si consensuel qu'aucune contradiction n'affleure jamais, ne paraît pas relever d'une approche très réaliste.

La considération pour la diversité, par exemple, revient à faire entendre une utile dissonance. Il faut au contraire la magnifier, l'amplifier, car si elle peut paraître désagréable à l'oreille, elle enrichit la matière même dont est faite l'entreprise. ■

Dire beaucoup en disant moins

La musique est une extraordinaire école de concision. Ne disposant pas des mots, elle est vouée à l'esprit de litote puisqu'elle ne peut rien expliquer mais seulement suggérer.

Si Maurice Ravel nous semble concis, Manuel de Falla austère, Claude Debussy tout en retenue, c'est qu'ils ont trouvé les moyens de dire beaucoup en quelques mesures et de camper presque instantanément un climat, une atmosphère, une identité de lieu : Grenade pour Manuel de Falla, dans les *Contes d'Hoffmann* d'Offenbach, une mélodie géniale jouée sur trois notes peut arracher des larmes, tandis que trois mesures des *Valses* de Schubert peuvent vous transporter dans l'euphorie.

Ces leçons de sobriété sont bien assimilées par certains dirigeants nourris d'expérience musicale :

« Mon mode de management est très tourné vers l'action, l'avancement des grands projets, la formation… Je ne parle pas beaucoup d'autre chose, car la musique m'a appris qu'il fallait consacrer énormément de temps à former les gens, à les former à nos méthodes, à avoir un même langage, que ce soit la clé de sol ou la clé de fa, ce qui permet à tous de communiquer… Dans mon appréhension de la vie, je crois beaucoup au progrès… Quand on fait de la musique, on essaie toujours de mieux jouer ; à chaque fois qu'on reprend un vieux morceau, on se dit : est-ce que je vais pouvoir apporter quelque chose de neuf ? Alors on joue, on écoute le jeu des autres, ça donne des idées de tempo, d'équilibre entre mains droite et gauche… C'est un perpétuel renouvellement, et dans nos métiers, c'est pareil, on doit réinventer de nouvelles activités, adapter nos produits existants, recréer une image. Il y a là un parallèle très intéressant à faire entre retravailler ses morceaux et améliorer sans cesse nos projets. Au fond, mon approche est très classique, très musicale : améliorer sans cesse par le travail… »[1]

---

1. Michel, entretien de janvier 2007.

Dire beaucoup en disant moins : la chose s'impose en musique puisqu'elle ne peut dire qu'en suggérant. Selon la belle formule de Jankélévitch, « La musique révèle le sens en le soustrayant », une formule que ne renieraient pas ceux qui, dans les entreprises, s'adonnent à la création pure (concepteurs, créatifs publicitaires, architectes) et se comportent plus comme des « taiseux » en recherche de réponses « justes » que comme des bavards impénitents.

« Mozart c'est un peu comme un architecte qui dessine, il écrit juste du premier coup, ce qui m'impressionne, c'est le geste, c'est la main, la main est très importante là-dedans... »[1]

Œuvre recommandée

Manuel de Falla, *Nuits dans les jardins d'Espagne*,
Larrocha, Berganza, Ansermet, Decca.

Dire autre chose en disant moins

Le dirigeant tire de la musique une matière à penser et est ainsi conduit à se faire les réflexions suivantes :

- apprendre à gérer l'irrationnel au sens de ce qui n'est pas rationnel : en management, le plus important n'est pas forcément écrit ; comme en musique il faut savoir lire entre les lignes, donc être, littéralement, intelligent ;
- rester constamment en retrait par rapport à l'émotion (sans la nier mais en la maîtrisant, comme nous l'avons rappelé) ;
- se montrer discret, sobre, pudique, sans céder aux excès de la logorrhée du discours managérial, en se concentrant de façon rustique sur l'essentiel par un travail silencieux d'amélioration continue (sans verser non plus dans la manie du secret qui donne à certains dirigeants l'allure de perpétuels conspirateurs).

---

1. *Ibid.*

En réprimant la tentation permanente de l'é oquence, de la grandilo-
quence, de la digression, le dirigeant gagne du temps, se révèle à lui-
même et aux autres. La moindre expression suggère mieux le sens
que l'expression directe.

En disant moins, on dit autre chose. Inversement, ce n'est pas en disant
tout que l'on s'exprime le mieux. La sobriété du discours managérial a
de bons effets sur les attitudes profondes du dirigeant : tout extré-
misme, toute frénésie se trouvent ainsi régulés par un propos maîtrisé.
Il n'existe pas de meilleure antidote aux excès que quelques phrases
mesurées, à condition de choisir les mots qui font « mouche ». Le
manager musicien sait toujours s'arrêter à mi-chemin sur la route des
exagérations.

Le manager musicien n'exprime pas tout par es mots, il doit garder sa
part de non-dit, non pas que sa raison soit défaillante pour décrire
schémas et concepts, que les choses soient indicibles, qu'il n'y ait
absolument rien à en dire, ce qui dans l'entreprise pourrait se révéler
accablant et « déconcertant » pour les collaborateurs qui pourraient y
voir une marque d'incompétence. Le management musicien choisit, au
contraire, le terrain de l'ineffable, précisément parce qu'en matière de
légitimité et de sens, il y a infiniment à dire et que les mots n'y suffisent jamais. Il suggère sans tout dire, donne du sens sans tout mettre
en mots, signifie sans tout exprimer. Le silence du dirigeant musicien
peut s'assimiler à une nuit transparente : il n'est pas muet, mais tacite.

Vouloir trop en dire est souvent le plus sûr moyen de ne pas convaincre. On peut rebuter et décourager un auditoire, une équipe, un collaborateur à vouloir trop les convaincre, en assénant trop d'arguments
avec trop de force. À l'inverse, en dire peu peut entraîner la conviction, susciter l'adhésion, vaincre la résistance.

Maîtriser l'ineffable, c'est permettre un management de l'intérieur
vers l'extérieur, c'est laisser place au sentiment que tout ne se voit
pas, qu'avant de parler, il faut régler la question de « qui parle ? » (légitimité), « pourquoi parle-t-il ? » (contexte et contenu) et « comment
parle-t-il ? » (attitudes). ■

Gérer

Savoir donner du rythme…

En langage courant, des expressions telles que « avoir du rythme » ou au contraire « manquer de rythme » renvoient à la capacité du musicien de communiquer avec l'intensité suffisante le sens des pulsations désirées par le compositeur.

Michel, dirigeant musicien, nous expose sa façon de voir les choses, en reliant de façon pertinente la bonne gestion du temps au rythme :

« *La musique m'incite à rechercher l'efficacité… Je n'ai pas énormément de temps alors j'aime bien travailler de façon efficace, j'apprends à me concentrer sur l'essentiel, à repérer les difficultés, quitte à m'occuper du caractère musical de l'œuvre dans un second temps… Je travaille beaucoup les questions de mise en place rythmique car je n'ai pas le rythme naturellement dans la peau, et je suis comme ça dans la vie professionnelle… La question n'est pas évidente mais… oui… j'aime bien le rythme* (il frappe du pied sur le sol), *j'aime bien, quand j'attaque un sujet professionnel, disposer des benchmarks, tout est découpé et on sait qu'on avance, oui, j'aime bien travailler comme cela… »*[1]

Pierre, de son côté, fait référence au rythme dans les termes suivants :

« *Il y a des choses qui sont rythmées dans la vie de l'entreprise, les processus budgétaires, le montage d'un projet ; ce rythme, on l'a de manière naturelle dans la musique, quelle que soit la vitesse d'ailleurs, que ce soit un largo ou un presto, il faut être dans le bon rythme… La musique peut apporter beaucoup, d'autant que le rythme s'accélère dans l'entreprise avec les reportings trimestriels et même mensuels…*

---

1. Michel, entretien de janvier 2007.

Pour arriver à tenir ce rythme mensuel, il faut aller de plus en plus vite sur certains processus pour ne pas perdre une journée de ventes ou de réalisation de commandes ou de travaux. »[1]

Mais prenons garde : « forcer la cadence », expression du langage courant, peut prêter à confusion. Lorsqu'un chef d'orchestre trouve que ses musiciens ralentissent légèrement le tempo, il va leur faire signe d'accélérer, mais nullement de « forcer la cadence », terme qui n'est pas un synonyme de tempo mais de rythme. Or, accélérer et changer de rythme n'ont rien à voir.

Expliquons-nous : la musique se joue selon un rythme donné. Le rythme, ce n'est pas seulement les temps forts et les temps faibles ; c'est, plus généralement, l'ordre du temps. Le rythme est, à l'image de la vie, fait d'élan et de repos. L'élan a besoin du repos pour se renouveler, pour reprendre souffle. Et ce sont ces alternances de repos et d'élan qui donnent à la durée… son rythme.

Mesure et tempo

Qu'il soit rapide ou lent, le tempo doit respecter la mesure, unité rythmique elle-même divisée en temps. Apparue au tout début du XVIIe siècle, la mesure s'indique en début d'œuvre ou de fragment d'œuvre par une fraction dont le dénominateur représente une division de la ronde prise arbitrairement comme valeur de référence et le nombre de ces divisions par mesure (par exemple : 2/4 est une mesure formée par deux quarts de ronde, soit deux noires). Jouer en mesure revient à respecter la durée respective des notes et des silences qui s'intercalent.

Très souvent, la mesure est confondue avec le *rythme*. Certaines œuvres comportent d'ailleurs des traces de la confusion entre ces deux notions proches et pourtant distinctes que sont le rythme et la mesure. Plus les œuvres sont rythmées, enjouées, plus elles sont menacées d'un dérèglement de tempo, autrement dit d'une accélération spontanée de leur exécution. À l'inverse, d'autres œuvres

---

1. Pierre, entretien de février 2007.

sont « menacées » d'un ralentissement du tempo quand leur rythme est scandé de façon plus espacée. D'où la nécessité de préciser les choses :

La *mesure* règle le problème de la *durée relative* des notes. C'est un outil de mesure métrique, une sorte de syntaxe qui permet de fixer et de communiquer l'agencement des sons entre eux. La mesure possède une dimension mathématique et intelligible.

Rythme et périodicité

Le *rythme* musical ordonne les sons dans le temps selon des proportions accessibles à la perception, fondées sur la succession de leur durée et l'alternance de leurs points d'appui ; autrement dit, le rythme règle le problème de la *périodicité*. Il exprime une dimension existentielle, vivante, tellement vivante qu'une fois compris le rythme de l'œuvre imprimé par l'artiste, il la rend compréhensible et même prévisible par l'auditeur. Comme le souligne le philosophe Bergson :

« *Comme nous devinons presque l'attitude qu'il* (l'artiste) *va prendre, il paraît nous obéir quand il la prend en effet ; la réalité du rythme établit entre lui et nous une espèce de communication.* »[1]

Bergson va même au-delà : le rythme finit par devenir « toute notre pensée, toute notre volonté » ; en d'autres termes, le rythme n'est pas simplement une façon comme une autre de communiquer, mais il exprime l'être et traduit la pensée dans ce qu'ils ont de plus profond. Géniale intuition du philosophe selon lequel il n'est point de pensée sans mouvement.

Mesure et rythme

Mesure et rythme sont nécessaires l'un et l'autre mais aussi l'un à l'autre, tant la musique ne devient vivante que grâce au rythme. À la rigidité de la mesure métronomique s'oppose le jeu du rythme qui varie et suscite une activité toujours neuve. Le phrasé

---

1. Henri Bergson, *Essai sur les données immédiates de la conscience*, PUF.

musical transcende la mesure tout en la respectant, comme on doit s'efforcer de trouver les mots « justes » en respectant la grammaire et l'orthographe.

Jouer en mesure est une chose, trouver la bonne cadence une autre !

La définition de Saint Augustin « *Musica est ars bene movendi* »[1] fut ainsi paraphrasée par Igor Stravinski :

« *La musique nous a été donnée à seule fin d'établir un rapport entre le temps et nous.* »[2]

Quelque fidèle que soit la traduction, elle nous enseigne l'importance de l'enchaînement des sons, de longueur ou de force différentes. Car la différence de longueur ne donne pas, à elle seule, l'impression du rythme.

Le célèbre *Beau Danube Bleu* de Strauss comporte bien les trois temps de la valse. Or, ils sont par définition d'égale durée : trois notes noires. Jouées telles quelles, elles ne donnent aucune impression de rapport de temps. Pour donner du rythme, la première est en fait jouée longue et accentuée, les deux suivantes légères et plus enlevées.

Mais tout ceci n'est que conventions : le rythme à trois temps de la valse n'est pas celui de la *Mazurka*, où l'accentuation est souvent placée à contretemps d'une mesure à 3/4 qui est, en principe,

---

1. « La musique est l'art de se bien mouvoir. » On aimerait tant ajouter : « de bien se mouvoir dans le temps… ».
2. *Dictionnaire de la musique*, Larousse, 1982.

un temps faible. Le contretemps est indispensable à la variété rythmique, il donne à la pièce, en l'occurrence la *Mazurka n° 2* de Chopin, son identité.

S'il est impossible, même à une oreille peu exercée, de confondre une valse et une mazurka, pourtant toutes les deux écrites à trois temps, c'est en raison du rythme. Le rythme seul fait la différence. Encore faut-il savoir de quel rythme on parle et bien établir la différence entre « rythme existentiel » et « rythme mélodique ».[1]

Le rythme existentiel est le pouls secret de la musique, une pulsation régulière qui « ancre le rythme au plus profond de notre corps ». Binaire ou ternaire, cette cadence de base est essentiellement motrice, une sorte d'*allegro* permanent qui nous fait danser au rythme de la vie.

Le rythme mélodique installe sa propre cadence, surajoutée à celle de la pulsation. Il est, par rapport au rythme existentiel, ce qu'est notre respiration par rapport à notre pouls. Il apparaît au premier plan dès lors que le rythme se développe sur une durée longue et lente comme dans une aria de Mozart ou une œuvre « voluptueuse » de Debussy telle que *Prélude à l'après-midi d'un faune*. Il passe au second plan quand le rythme se confond avec la mesure et se réduit au « pouls » originel, par exemple dans un final de symphonie très scandé ou une œuvre de jazz. Le rythme mélodique

---

1. Raymond Court, *Le musical, Essai sur les fondements anthropologiques de l'art*, Éditions Klincksieck. Nous avons volontairement remplacé la notion de tempo, utilisée dans l'ouvrage, par celle de rythme, afin d'éviter toute confusion entre vitesse et rythme.

est un *adagio*. À travers lui, nous cessons de danser pour chanter, nous passons du geste à la voix.

Œuvre recommandée

Johann Strauss II, *Valses* et autres œuvres
(nombreuses versions disponibles).

Ne pas confondre vitesse et rythme !

Le manager musicien doit trouver son propre rythme, lequel le rend différent des autres et apprécié comme tel. Savoir être différent, savoir communiquer en trouvant le bon rythme, le sien, savoir même se définir par le rythme, comme nous y invite le philosophe.

La pensée managériale, plus qu'aucune autre, se définit dans le mouvement.

Qu'est-ce, en effet, que le style du manager si ce n'est la prégnance d'un certain rythme qui assure au dirigeant son autonomie souveraine ? Style et rythme vont de pair. On pourrait même affirmer que le manager musicien n'en fait qu'une seule et même démarche. Dès lors qu'il a trouvé son rythme, il a défini son style.

On peut être incisif et mordant sans nécessairement se précipiter, un rythme solide étant le meilleur moyen de prévenir toute accélération heurtée. Point n'est besoin d'aller vite pour communiquer avec toute l'intensité nécessaire le sens de la pulsation, le bon rapport entre les diverses phases du management (étudier, prévoir, décider, etc.).

En fonction du stade de développement de l'entreprise, de la saisonnalité de son activité, de la durée de son cycle de production, le manager musicien doit savoir dire : « Non, là vous allez trop vite ! » Mais à l'inverse, il lui faut parfois sentir que le tempo insensiblement se relâche, que l'entreprise est en train de s'enliser dans un « faux rythme », précisément.

Rythme existentiel ou rythme mélodique, la distinction n'a pas qu'un intérêt musical. Le management doit alterner entre les activités très scandées, quasiment ritualisées, et des développements plus lents, propres à la conception, à la préparation des décisions. Tout, dans l'entreprise, ne chemine pas au même rythme, et l'obsession du court terme fait souvent oublier les impératifs du développement durable.

Le manager se doit de « mettre du rythme » dans son discours, dans sa gestuelle et même dans les inflexions de sa voie, montrer qu'il existe, dans un entretien, une réunion, une négociation, une décision, des temps forts et des temps faibles.

Le management rythmé consiste à savoir entraîner, à savoir scander, s'il entend fuire la monotonie du « tout est important » ou du « tout est urgent ».

Temps forts et faibles, longs et brefs, se définissent les uns par rapport aux autres ; ils ne s'enchaînent harmonieusement que par les vertus du rythme.

N'oublions jamais ceci : les temps « faibles » du management possèdent leur utilité, ils permettent de se recaler, de se relâcher avant de repartir de l'avant. La périodicité, l'enchaînement et la progression d'une période à l'autre ne sont rendus possibles que par le rythme. Les adeptes du management suranné dit « sous tension » ne le faisaient pas, faute de l'avoir jamais compris. On voit le résultat : leur carrière terminée, leurs anciens collaborateurs s'en félicitent.

La mesure, exigence managériale, dompte les durées individuelles et en réalise l'accord : après tout, qu'ils le veuillent ou non, il faut bien que tous les collaborateurs « jouent ensemble » en ayant une perception commune du temps collectif, temps intermédiaire entre la durée subjective et le temps universel.

Le rythme, quant à lui, n'est, pas plus que la mesure, extérieur au temps, mais il engendre un temps vécu. Le rythme ordonne le temps et, du même coup, ordonne l'âme dont le temps est la substance. Ainsi, de même que le rythme musical peut nous apaiser, nous rendre tour à tour plus sage ou plus enthousiaste, l'entreprise trouve un rythme qui, au-delà du respect de la mesure, permet à l'ensemble de progresser de façon vivante. Comment, en effet, pourrait-on acquérir la liberté du rythme sans posséder la rigueur de la mesure ? Comment y aurait-il de la liberté s'il n'y avait pas aussi de la nécessité ?

Mesure et rythme sont les deux formes du temps que se doit de (faire) respecter le manager musicien. ▪

... Sans négliger le rubato

Un excès de mesure peut néanmoins nuire et ennuyer. Heureusement existe le *rubato*, défini plus haut, qui donne droit à l'exécutant d'accélérer certaines notes de la mélodie et d'en ralentir d'autres. Et contrairement à ce que l'on croit, son usage ne date pas de la période romantique mais remonte au XVIIIe siècle, rationaliste à souhait. Carl Philipp Emanuel Bach en faisait bon usage et les *Sonates* de Haydn[1], présentées à tort comme « monotones », s'y prêtent plutôt bien… à condition d'en user avec modération.

Critiquable dans ses excès, le *rubato* est au cœur de l'interprétation musicale. Dans la musique contemporaine et dans le jazz, cette technique tend à s'intégrer au processus même de la composition pour libérer de la périodicité régulière, des valeurs égales. Le *rubato* ou l'antidote de l'uniformité monotone…

Œuvre recommandée

Frédéric Chopin, *Sonate n° 2, Préludes*,
Mikhail Rudy, EMI Classics.

Liberté et rigueur du manager

Joli sujet de méditation pour le dirigeant : savoir manager, c'est-à-dire interpréter avec rigueur, tout en instillant un zeste de liberté. Après tout, savoir saisir des opportunités tout en gardant une orientation ferme n'est pas tabou.

---

1. Œuvres très injustement considérées avec une certaine suffisance, alors que de grands maîtres du piano, Glenn Gould et Vladimir Horowitz, les admiraient profondément et devaient leur consacrer leurs ultimes enregistrements : « Les sonates de Haydn représentent pour moi un domaine beaucoup plus vaste que celles de Mozart, surtout pour leur contenu musical et expérimental », disait notamment Glenn Gould.

Ajuster un business plan trop rigide fait partie des attitudes d'un dirigeant raisonnable et clairvoyant.

Prendre quelques libertés avec la rigueur des procédures n'est pas forcément gravissime, à condition de ne pas les ignorer trop longtemps... ■

Faire ses gammes

La gamme est une nomenclature de sons appartenant à une tonalité ou à un mode déterminé, rangé par degrés conjoints. Elle commence par la tonique, qui, comme son nom le suggère, donne le ton et l'impulsion et se termine par la « note sensible », sensiblement proche de la tonique suivante, puisqu'un simple demi-ton les sépare ! Chez tout musicien, il s'agit d'un exercice usuel consistant à jouer à la suite, en combinaisons variées, tous les sons d'une gamme donnée.

Pour « connaître la musique », selon l'expression courante, le musicien se doit de répéter de très nombreuses fois la musique en question avant de la maîtriser parfaitement. En travaillant ses gammes, il perfectionne sa technique, améliore sa souplesse et sa vélocité. Certes, l'exercice est un peu fastidieux, de sorte que l'instrumentiste doit surmonter la tentation de l'escamoter pour passer directement à une *Sonate* de Haydn ou un *Impromptu* de Schubert. Aux gammes, on peut préférer les études, plus mélodieuses et riches en aspérités techniques. De grands compositeurs ou maîtres – Czerny, Moskowski, Cramer, Hanon – en ont laissé, les jugeant utiles et nullement subalternes.

Ainsi, de Moritz Moskowski[1], Paderewski affirmait qu'il était, après Frédéric Chopin, celui qui savait le mieux écrire pour le piano. André Messager envoya le futur chef d'orchestre Thomas Beecham étudier auprès de lui. Et Josef Hofman et Wanda Landowska, que nous citons par ailleurs, lui doivent leur carrière.

---

1. Moritz Moskowski (1854-1925), l'un des plus célèbres pianistes, compositeurs et pédagogues de son temps.

Gammes et études sont comparables à la gymnastique matinale de ceux qui souhaitent rester souples. D'ailleurs, les chanteurs n'oublient jamais de se chauffer la voix par toutes sortes de vocalises.

La musique apporte à l'évidence le goût du travail bien fait, c'est du moins ce que croit un dirigeant-musicien qui essaie d'approcher musique et management avec la même exigence, considérant que pour lui, la musique a toujours été une école de rigueur, un entraînement, même si le plaisir est assorti d'un peu de souffrance :

« Quand on fait de la musique, on a envie de bien faire… C'est très déplaisant de tâtonner sur un morceau, très énervant même, on a envie de réussir quelque chose, il y a un accomplissement dans la musique… Il y a toujours un moment où, ayant travaillé, on arrive à un résultat, à un aboutissement… Quelque part, j'ai toujours essayé de rechercher dans ma vie professionnelle cette espèce de perfection dans le rendu, cette expression fluide, ce souci esthétique qui fait que le message peut passer clairement, simplement comme dans une partition où on essaie de donner son poids à chaque main, de trouver où est la mélodie… de rechercher un sens dans l'expression qui, au fond, est au cœur de tous nos métiers. »[1]

Écoutons un autre musicien-manager nous résumer son expérience de pratique méthodique, presque froide et détachée de la technique, afin de pouvoir passer ensuite à l'interprétation :

« Au piano, j'ai travaillé en dépouillant mes morceaux de toute musique ; j'ai fait un travail extrêmement mécanique et on m'a dit que c'était dramatique parce qu'après je n'arriverais plus à y mettre de la musique… Pourtant, en faisant ce travail mécanique, j'ai acquis l'aisance technique qui m'a permis de ne plus penser à la technique et après de m'exprimer totalement. C'était contraire à ma personnalité, mais de façon totalement intuitive j'ai décidé de faire comme cela, et effectivement, quand j'ai développé ensuite mon affaire, je me suis

---

1. Michel, entretien de janvier 2007.

souvenu (pour développer les marchés) d'un « truc » tout bête qu'on m'avait appris pendant mes études, le « top of mind » : j'ai décidé zone par zone de labourer mon champ, c'est-à-dire que chacun de mes prospects, à chaque endroit, m'a vu une fois par trimestre, ce qui paraissait hallucinant dans mon métier où les gens ne bougent pas, ne se dérangent pas pour vendre ; ils ne vont pas s'abaisser à aller voir leurs clients alors que moi je suis allé voir tous mes prospects une fois par semaine… Évidemment, tous ne sont pas devenus mes clients, mais avec les autres j'ai développé une relation extraordinaire, on se connaît parfaitement, on se comprend à demi-mot, tout cela grâce à ce travail mécanique historique, et depuis j'ai conservé cette qualité de relation avec eux. »[1]

Œuvre recommandée

Moritz Moszkowski, *Concerto en mi majeur pour piano* opus 59, Abeabenax.

Apprendre sans cesse

Le manager musicien se doit lui aussi de « connaître la musique », donc d'avoir réitéré un geste pour acquérir l'expérience d'une certaine situation. Pour cela, il lui faut « faire ses gammes ». Savoir se renouveler ne s'improvise pas mais s'acquiert par l'exercice régulier de l'agilité de l'esprit.

Trop de managers omettent de se former, de se perfectionner. Ils croient que leurs diplômes initiaux leur permettent de faire face, pour la vie, à toutes les situations. Ils misent ensuite sur leur expérience « concrète », disent-ils.

---

1. Laurent, entretien de janvier 2007.

Personne ne conteste l'intérêt du « concret » en question, mais rien n'est plus pratique qu'un détour théorique. La lecture, la formation, l'accompagnement ne sont pas toujours faits « pour les autres ».

Combien de cadres quinquagénaires prennent-ils conscience qu'ils n'ont pas fait assez d'efforts pour se former tout au long de leur parcours, qu'ils n'ont pas assez travaillé leur faculté d'adaptation ?

Quand l'incident de carrière survient, il est généralement trop tard, et il ne sert à rien d'invoquer la fatalité ou la cruauté du destin. Les formations entreprises en situation d'urgence ne sont que des rattrapages curatifs, moins efficaces que les actions « andragogiques » sereines pratiquées préventivement, en amont. Avoir l'humilité d'être conscient de ses limites entraîne le progrès, *a fortiori* lorsqu'on souhaite accéder aux plus hautes responsabilités. ■

Vaincre la virtuosité

La virtuosité se dit d'un musicien exécutant possédant une technique brillante. Marcel Proust évoquait déjà « le jeu vertigineux du virtuose », musicien extrêmement habile qui ne se lasse pas de faire admirer sa vélocité et son brio. On notera que le mot vertigineux employé par notre auteur est fort ambigu car s'il renvoie à la notion de griserie agréable, celle-ci peut précéder des troubles de l'équilibre, voire un égarement complet de l'esprit.

Si la musique classique fait largement usage de la virtuosité transcendante, qui constitue une de ses caractéristiques fondamentales, c'est que celle-ci ouvre des possibilités sonores, donc musicales. Ainsi, à la fin du XVIe siècle, on commença à composer des pièces pour instrument seul et à organiser des concerts sans choriste. Les partitions pour instrument étaient autant travaillées que celles pour la voix, contrairement au rôle d'accompagnement auquel était assigné l'instrument auparavant. Cette renaissance instrumentale s'opéra par la virtuosité de l'exécution. La notion de virtuosité n'était donc pas synonyme de technicité gratuite mais au contraire de libération profonde.[1]

---

1. À ce sujet, consulter le site *www.concertclassic.com* – janvier 2002.

Il serait par conséquent injuste de renoncer à la virtuosité, sous prétexte qu'elle manquerait d'âme et de profondeur et qu'elle servirait de paravent à un quelconque défaut d'inspiration. Utilisée à bon escient, elle sous-tend au contraire la puissance, comme dans l'œuvre de Paganini, ou l'émotion, comme dans celle de Chopin.

Pour autant, il ne saurait y avoir équivalence entre virtuosité et valeur musicale, ni entre absence de virtuosité et moindre qualité musicale. Il s'agit ici de comprendre l'intérêt de la virtuosité sans exclure les autres possibilités du matériau sonore, en particulier « le beau son » d'un instrument ou d'une voix, recherché pour lui-même et sans le secours de la technique.

Dans son roman *Horowitz et mon père*, Alexis Salatko décrit ainsi le jeu pianistique paternel :

« Aujourd'hui encore je ne peux concevoir les Mazurkas, *les* Études, *les* Impromptus, Ballades *ou* Nocturnes, *la* Barcarolle *ou la* Berceuse *de Chopin jouées autrement que par lui. Toutes les autres interprétations, celles d'Horowitz comprises, me paraissent un ton en dessous. Et ce parti pris n'a rien à voir avec la piété. Je suis totalement convaincu de la supériorité de mon père sur n'importe quel géant du clavier. Seul son rubato m'enchante. Et cela n'a que peu de rapport avec la technique pure. Je ne suis pas certain que Dimitri ait été un grand technicien. Il ne cherchait pas à briller et se moquait des fausses notes [...]. Non, sa force résidait dans cette sonorité à nulle autre pareille qu'il tirait du diable sait où. »* [1]

Par *rubato*, entendons une indication d'expression prescrivant d'accélérer certaines notes d'une mélodie et d'en ralentir d'autres pour échapper à la rigueur de la mesure. Certains interprètes en font un usage exagéré, mais il n'existe pour ainsi dire pas de musique vivante sans un minimum de *rubato*.

Car en réalité la virtuosité est, ni plus ni moins, un outil d'expression parmi d'autres. Elle n'est au demeurant pas toujours synonyme

---

1. Alexis Salatko, *Horowitz et mon père*, Fayard, 2006.

de difficulté technique, même si elle est liée à cette notion, car des œuvres techniquement difficiles comme celles de Schubert[1] ne contiennent aucun esprit de virtuosité.

Écoutons ce manager musicien :

« Il y a encore sept ou huit ans, j'étais extrêmement fier quand j'arrivais à mettre au point des opérations de façon totalement brillante… En fait, je considère maintenant avec le recul que je brassais beaucoup d'air pour pas grand-chose… Au contraire, c'est le lâcher-prise qui est efficace, mais j'ai pu impressionner mes clients par ma virtuosité en faisant en sorte que la marchandise parte de tel endroit et arrive chez eux quarante-huit heures plus tard par des mécanismes qui ne sont pas du tout les mécanismes classiques du métier ; ça les a beaucoup surpris, et c'est comme cela que j'ai créé ma place… En management comme en musique, bien sûr il faut de la virtuosité, mais le plus sublime c'est quand on n'y pense plus… Personnellement, je suis bien plus impressionné quand j'écoute Claudio Arrau[2] que quand j'entends Czyffra[3]… Arrau a ce poids dans les notes… En management, les démonstrations de virtuosité peuvent être efficaces pour impressionner les clients, elles sont efficaces pour entrer chez eux, mais maintenant, il s'agit de leur fournir le service juste… Cela je l'ai appris de la musique, je crois énormément au parallèle entre les choses… D'ailleurs, ceux qui apportent vraiment quelque chose sont ceux qui ont eu d'autres expériences. On a totalement dépassé l'âge où on était un grand technicien dans un domaine ; c'est toujours vrai mais on ne peut pas être le meilleur dans son domaine si on n'a pas d'autres domaines d'excellence qui ne concernent pas la vie professionnelle directement mais qui sont en fait des sources de richesse personnelle. »[4]

---

1. Les sonates en particulier.
2. Pianiste américain d'origine chilienne (1903-1991). Réputées pour faire respirer le texte, ses interprétations sont des modèles de l'art de faire sonner et de timbrer le piano.
3. Pianiste hongrois (1921-1994). Archétype du virtuose : on lui a souvent reproché son excentricité, l'influence de son humeur sur son jeu lors de ses concerts, sa recherche d'un public populaire, avec le côté « classiques favoris » de ses récitals.
4. Laurent, entretien de janvier 2007.

Notre interlocuteur n'a pas tort de souligner ces différences d'approche. Claudio Arrau lui-même décrivait ainsi son approche de l'interprétation :

« Cela commence toujours de la façon suivante : l'œuvre crée en moi une sorte d'état orgiaque. Je sais alors que je dois étudier l'œuvre à fond. Il faut avant tout qu'existe la vision créatrice. »[1]

Et de préciser dans une autre déclaration :

« L'idéal d'une interprétation serait de pouvoir réaliser une synthèse du monde des compositeurs et de leurs interprètes, une synthèse de toutes leurs personnalités. Utiliser la musique pour se mettre en évidence, c'est-à-dire s'adonner à la vanité, c'est toujours faux. »[2]

Cziffra, en revanche, joue Liszt comme Liszt devait jouer lui-même : technique transcendante, recherche de l'effet avant tout (les piano sont joués *pianissimo*, les fortes *fortissimo*, les traits sont accélérés à la limite du possible), piano à la fois percutant et orchestral, pédale forte souvent écrasée – encore que la *Sonate*, œuvre sérieuse et profonde, soit jouée intériorisée et retenue, comme il se doit, sans exagérer les contrastes. Cela dit, gardons-nous de donner à ce magicien du clavier le mauvais rôle : il fut de la race des musiciens excessifs et légendaires, maîtrisant les œuvres les plus inaccessibles.

Œuvres recommandées

Claudio Arrau, *Impromptus* de Schubert D.899, Philips.

Georg Czyffra, œuvres diverses,
The Early Columbia records.

---

1. Stéphane Villemin, *Les grands pianistes*, Georg, Genève, 1999.
2. *Op. cit.*

Maîtriser le management technicien

Contrairement à ce que certains avaient prédit, les patrons n'ont pas disparu et ne sont pas près de le faire. La seule disparition que l'on peut annoncer est celle du manager technocrate et virtuose, limité à un raisonnement économique et technicien.

La virtuosité pousse parfois le manager rationnel a abuser de son intuition. La pensée unique l'y pousse d'ailleurs avec ce cortège d'« intuitions géniales », de gestion « à l'instinct » et de décisions « instantanées » qui tend à en accentuer la dimension héroïque et solitaire.

Mais autant l'intuition est précieuse dès lors qu'il s'agit d'enrichir sa perception de tel ou tel collaborateur, autant elle s'avère dangereuse si elle repose sur de mauvaises idées.

Le guerrier, le marin, le héros sportif véhiculent le modèle social d'un pouvoir conquérant, solitaire, virtuose certes, mais peu conforme aux matrices complexes et autres organisations « en réseau », désormais en usage dans les entreprises (et pas seulement dans les plus grandes). Ces comparaisons symboliques, plutôt décalées voire dangereusement réductrices, masquent mal, chez ceux qui les manient, l'émergence de comportements égocentriques, d'autant qu'elles s'accompagnent souvent d'une sorte d'activisme et d'exacerbation de la frénésie. La virtuosité, dans son acception « vertigineuse », ouvre en outre la porte à un écueil plus redoutable encore : la mise en scène de l'entreprise.

Personne ne conteste au manager musicien le droit d'être un virtuose, bien ; encore fait-il bon usage de sa virtuosité. Sans la renier, il la met au service de l'entreprise au lieu de se servir de celle-ci pour se mettre en valeur.

Située à mi-chemin entre le passage en force et la séduction, la communication authentique ne néglige pas les apports des techniques du management rationnel. Au contraire, elle les maîtrise complètement, mais pour les dépasser.

Le brio n'est pas une fin en soi mais un outil au service du management légitime. ▪

Évaluer

Écouter

Tout en musique commence par l'écoute. Rappelons la phrase de Tolstoï :

« Écouter en profondeur requiert une attention non seulement à la mélodie et aux sons aigus, mais également aux basses, aux harmonies, aux timbres, à la circulation des parties intermédiaires, qui sont les linéaments d'une vie intérieure pareille à la nôtre. »[1]

Même le musicien solitaire doit commencer par s'écouter, écouter le son que l'instrument *rend réellement* en comparaison de celui qu'il *sollicite* de l'instrument. *A fortiori*, la musique d'ensemble (du duo à l'orchestre symphonique) suppose, avant toutes choses, que les musiciens s'écoutent, prêtent attention à « leur » son, fassent en sorte que celui-ci sonne harmonieusement avec celui de l'ensemble du pupitre, s'agissant de l'orchestre. Les pupitres, une fois réglés, doivent encore s'accorder entre eux, et pour cela s'écouter encore, de même qu'ils doivent écouter ce que le chef leur dit avoir entendu et qui ne correspond pas forcément à leur intention de départ.

Un bon instrumentiste, qu'il soit soliste ou tuttiste d'orchestre, peut exceller au déchiffrage de la partition et regimber quelque peu devant cet effort d'écoute. C'est paraît-il le cas dans certains orchestres français où le brio dont font preuve les musiciens en matière de déchiffrage laisse une place insuffisante à l'ajustement, au réglage[2], à ce fameux « fondu » dont est faite la pâte musicale.

La musique n'est qu'interrelation : relation entre les notes, régie par ces rapports précis que sont les règles de l'harmonie ; relation entre les notes et les silences qui s'intercalent entre elles, avant

---

1. Léon Tolstoï, *op. cit.*
2. Le terme anglais *tuning* a fait fortune depuis l'émergence des chaînes stéréophoniques au point d'envahir parfois d'autres domaines de la vie courante. Puisse sa traduction envahir aussi le monde du management !

elles, après elles ; relation entre les musiciens qui doivent constamment s'ajuster entre eux ; relation entre les musiciens et leur chef, qu'il soit formel dans le cas de l'orchestre, ou informel dans le cas d'un ensemble restreint ; relation enfin entre ceux qui interprètent la musique et ceux qui l'écoutent. La musique, sous toutes ses formes, est art de se relier aux autres.

Celui qui par exemple assiste à la répétition d'un quatuor à cordes, ou encore d'un duo entre violoncelle et piano, constatera que la majeure partie du temps de travail consiste en discussions qui visent à résoudre toutes sortes de « problèmes » posés par la partition. Telle articulation peut être réalisée à telle vitesse, tel détail doit être mis en relief pour signaler sa fonction dynamique, telle ligne mélodique, telle note de passage, tel accent doivent être soulignés pour leur fonction de rappel. Les « points de rendez-vous », c'est-à-dire les moments où les musiciens doivent très précisément attaquer la phrase ensemble, l'espace à laisser à celui qui joue la partie la plus difficile, tout cela exige des « réglages » d'intensité acoustique, des options d'interprétation, des ajustements : tout le monde ne peut pas occuper « le devant de la scène en même temps », chacun doit écouter l'autre, et tous doivent évidemment respecter la mesure, seule garante du « jouer ensemble ».

En ce sens, la musique est une pratique collective qui demande abnégation et renoncement à l'individualisme, car même le soliste est un acteur social qui cherche à communiquer aux autres sa pensée artistique, sa vision de l'interprétation, sa propre sensibilité.

La musique contribue à rendre le monde supportable… et le management plus attentif.

Œuvre recommandée

Beethoven, *Quatuors à cordes*, Quatuor Prazak.

Manager par l'écoute

On peut être musicien sans être ni compositeur, ni interprète, mais véritablement écouteur, et non pas auditeur de musique, moins encore percepteur. En stimulant sa capacité d'écoute musicale, le manager contribuera à stimuler sa capacité d'écoute en général en l'appliquant aux situations concrètes et bien connues où cette faculté est éminemment nécessaire : conduite de réunions, négociations, évaluations, etc.

Le manager rationnel, à l'instar de nos musiciens bons « déchiffreurs », affirme souvent bien écouter. On peut en douter : des générations entières n'ont pas été bien formées à cela, et la cohorte des dirigeants n'ayant même pas la faculté de s'écouter eux-mêmes en profondeur est encore impressionnante.

Le manager rationnel, s'il ne s'est pas fait comprendre, n'a guère l'humilité de penser que son message censément intelligent n'est peut-être pas intelligible, faute d'avoir choisi la bonne écoute préalable qui eût permis de mieux distinguer les attentes, trouver les bons mots, identifier les bons circuits.

Le manager musicien pense que le monde de l'entreprise n'a pas besoin d'être infernal pour être efficace. Il découvre les vertus de l'écoute ; à condition qu'elle ne soit pas simple audition vaguement compatissante ou modérément intéressée, rien ne la remplace en effet.

L'écoute vraie est empathie, compréhension des émotions, recherche de solutions. Elle n'est jamais assez active, empathique, profonde. Non directive, elle doit toujours provoquer reformulations et transpositions. Elle est attentive à tout.

Le manager musicien comprend la réalité complexe, fait dialoguer dans l'entreprise les sciences dures, longtemps à l'honneur, et les sciences molles, si indispensables. Dominer la matière, oui, mais d'abord appréhender les hommes… Or, appréhender dans cette acception n'est pas chose simple.

La réalité est rebelle. En tout cas, elle ne se limite pas à une notion d'espace, comme nous le soulignons par ailleurs. Elle ne se réduit pas à des schémas de ronds et de flèches crayonnés sur des *paper boards* ou à des organigrammes ignorant la réalité « sourde » des réseaux informels, des traditions et des rumeurs. Décrire n'est pas comprendre, encore moins appréhender… Décrire ne suffit plus. Il faut désormais prêter attention à ce qui est dit, mais aussi à la manière dont c'est dit. Et cela, seule l'écoute le permet.

Le manager musicien écoute toutes les phrases et pas seulement celles qu'il a envie d'entendre. Il discerne les émotions derrière les mots, les intentions par-delà les humeurs, l'inquiétude d'un visage, le mouvement des mains, la gestuelle du corps… Il n'annihile pas les émotions mais, bien au contraire, les utilise sous forme d'énergie positive.

Et surtout, laissons parler le silence ! Le dirigeant calme écoute tout, même les reproches ; il entend les rumeurs, même les plus sourdes. Il fait son miel des critiques, surtout quand elles sont fondées. Par l'écoute, il reconnaît les attentes et donne de la considération. Il motive et convainc les équipes de travailler ensemble. Il existe en la matière une très grande attente de la part des salariés qui ne veulent plus aller passer leurs journées dans des bureaux ou des usines sans y trouver quelque sens et à cette fin être entendus.

Le manager musicien tente de susciter une culture de l'écoute, d'encourager le changement par l'expression *positive* des émotions et non par leur refoulement. Le sujet est d'importance : la trajectoire d'un groupe se construit sur un faisceau de trajectoires individuelles.

Obtenir la confiance commence par accorder, tout simplement, son attention, laquelle repose sur l'écoute active. C'est même la toute première forme de sollicitude envers les autres, l'une des compéten-ces de base du management. ■

Force et violence

La musique nous apprend à distinguer la violence destructive et la violence géniale. Comme l'exprime parfaitement Vladimir Janké-lévitch, « la première, en l'absence de toute inspiration spontanée comme de toute conviction passionnée, trépigne désespérément. Mais chez Stravinski, Prokofiev, Bartok et Milhaud[1], la violence tout au contraire est fondatrice… La violence débile fabrique le difforme, la violence géniale fait retour à l'informe[2] », le terme

---

1. Tous ces compositeurs sont contemporains du philosophe, qui aime à puiser la matière de ses réflexions dans la musique de son temps.
2. Vladimir Jankélévitch, *La musique et l'ineffable, op. cit.*

« informe » devant être ici compris comme ce qui n'a pas encore pris forme. Mais la tâche n'est pas aisée, car il faut en même temps éviter d'autres pièges. Et notre philosophe de décrire : « Le dédain de tous ces grands créateurs pour le bien dire, pour l'élégance mélodieuse et la grâce académicienne... » En d'autres termes, la mièvrerie constitue l'autre écueil à éviter.

Ainsi, il existe en musique une « mauvaise » violence dont le philosophe se garde bien de donner des exemples pour ne blesser personne, et une « bonne » violence, géniale, innovante et entraînante. Et ce qui vaut pour la composition vaut aussi pour l'interprétation : les discographies sont pavées d'interprétations inutilement violentes qui blessent l'oreille plus qu'elles ne l'émeuvent.

Œuvres recommandées

Stravinski, *L'oiseau de feu* (version complète originale), Petrushka, Philarmonia Orchestra, dirigé par Robert Craft, Naxos.

Prokofiev, *Concerto symphonique pour violoncelle*, Lynn Harrell, Royal Liverpool Philarmonic Orchestra, dirigé par Gerard Schwarz.

Démontrer et convaincre

Le manager musicien gagne beaucoup à distinguer violence « débile » et violence « géniale ».

Passer en force, comme prétendaient le faire les adeptes du « chaos management » il y a encore quelques années, peut s'avérer lourd de conséquences.

Il faut inventer un parler vrai qui se situe à mi-chemin entre la violence verbale et la séduction théâtrale. Ni violent, ni séducteur, ce parler vrai n'est pas non plus académique et élégant, faute de quoi il deviendrait factice et peu novateur : peu de place pour la langue de bois et les poncifs !

La tâche, il est vrai, est difficile, mais il y va de la légitimité du dirigeant ; celui-ci doit innover et entraîner sans violence, mais avec fermeté.

Écoutons Stravinski. Il est puissant sans jamais être violent. ■

Avoir le sens des nuances

Jusqu'au XVIIIᵉ siècle, sous l'influence d'instruments comme l'orgue ou le clavecin, dont le degré de sonorité était indépendant de la force d'attaque des touches, on pratiquait les nuances à l'échelle de toute une phrase, voire du morceau tout entier qui était interprété avec plus ou moins de force pendant toute sa durée.

L'avènement du *piano forte* a fait de la pratique des nuances un élément essentiel de l'interprétation. Tout jeune instrumentiste apprend qu'il se doit de « jouer en nuances », c'est-à-dire d'adapter son jeu à la composition afin d'en accentuer l'émotion, de coller au phrasé en mettant en valeur ce qui fait le charme du morceau : *piano, pianissimo, mezza voce, crescendo* et *forte* émailleront désormais les partitions jusqu'à notre époque.

Ainsi, dans une même ligne du *Nocturne n° 8* de Chopin, on passe, en l'espace de trois mesures, de la nuance *piano* à *forte* avant de revenir à *pianissimo* :

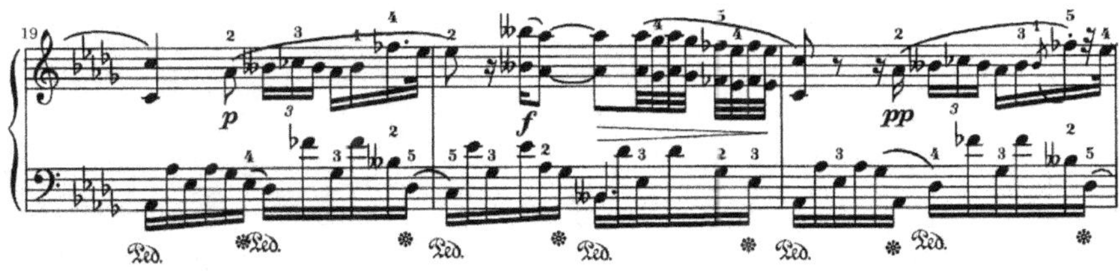

Chopin met la nuance au centre du jeu. Le *forte* se définit par rapport au *piano*, il produit son plein effet par contraste.

Samson François (1924-1970) s'inscrit à l'opposé de pianistes postérieurs qui choisirent de privilégier l'aspect technique des œuvres au détriment d'une certaine liberté d'interprétation. *Les Mazurkas*, interprétations nuancées dont la fragilité a été décriée par certains, nous révèlent non cette élégance aimable et brillante à laquelle d'autres nous ont habitué, mais une amertume, un désenchantement sans doute très personnels mais qui agissent comme un révélateur.

Plus tard, chez Erick Satie, la recherche des nuances se fait encore plus explicite. Dans la *Gnossienne n° 1*, la partition est jalonnée de formules, sorte de marque de fabrique du compositeur : « très luisant », « questionnez », « postulez en vous-même », « du bout de la pensée », « sur la langue »…, et la *Gnossienne n° 2* ne fait que confirmer la tendance avec des « sans orgueil », « avec une légère intimité », « avec étonnement », etc. La nuance devient partie intégrante de l'interprétation musicale et lui donne son sens.

Crescendo

Au début du XIXe siècle, le *crescendo* donne aussi son nom à un procédé d'orchestre consistant à répéter de nombreuses fois une phrase musicale assez brève, le crescendo étant obtenu non pas par l'accroissement des sonorités de chaque exécutant, mais par l'adjonction de nouveaux instruments à chaque répétition du thème. Rossini, par exemple, employa la méthode avec talent dans ses ouvertures d'opéra et ses arias.

Fortissimo

Savoir nuancer le jeu de l'orchestre, c'est posséder l'art, ou le sens, du relatif. Un passage à jouer *fortissimo* ne doit pas donner au chef d'orchestre le sentiment qu'il peut « lâcher les chevaux » sans prendre garde à la taille de l'orchestre et à l'acoustique de la salle. En outre, dans les formations du XIXe siècle, le nombre des instruments représentait les deux tiers de ce qu'il est aujourd'hui, tandis que celui des instruments à vent n'a quasiment pas changé. En revanche, la facture des instruments à vent à évolué, de sorte que ceux-ci sont plus sonores aujourd'hui qu'autrefois.

Que veut donc dire aujourd'hui jouer *fortissimo* un passage d'une symphonie de Beethoven ? Il revient au chef d'orchestre de trouver la bonne nuance dans sa palette sonore en tentant, exercice difficile, de restituer l'intention de l'auteur.

Œuvre recommandée

Frédéric Chopin, *Les Mazurkas*, Samson François, EMI.

Parler doucement et à plusieurs voix

Le manager musicien fait son miel de ces approches… tout en nuances.

Tout d'abord, le management ne consiste pas nécessairement à hausser le ton, à crier plus fort, mais à dire les choses à plusieurs, à faire en sorte que les propositions d'un seul soient reprises par un nombre croissant d'intervenants.

Parler doucement à plusieurs voix produit un tout autre impact que la vocifération. La frénésie du crescendo, la surenchère du grossissement pathétique sont à proscrire, en musique comme en management.

Il sait ensuite percevoir la différence peu sensible, délicate, entre des choses extérieurement de même nature.

Un même sujet (par exemple la performance du dernier trimestre), exposé en entretien individuel, au cours d'une petite réunion ou dans une assemblée, ne demande pas la même voix, les mêmes intonations, les mêmes nuances. Le manager musicien sait que l'essentiel réside souvent dans le détail. Il y a une manière pour dire les choses, et à la compréhension rationnelle doit s'ajouter l'empathie qui permet de « bien » comprendre, de l'intérieur, ce qui est dit mais aussi qui le dit et pourquoi il le dit.

Enfin, lorsqu'il conduit le changement, le manager musicien ne procède pas avec brusquerie, en passant en force, en disloquant les structures et les systèmes. Il procède avec conviction, bien calé entre la force et la séduction. Il fait passer les choses d'un état à un autre graduellement, mais en atténuant les différences, en adoucissant les contrastes, en faisant en sorte que ses propos, sans faire l'unanimité, atteignent un consensus raisonnable. ◼

Mettre un bémol...

Le mot « bémol » est un terme spécifiquement musical dont l'application métaphorique se retrouve parfois dans le discours managérial. Dans les partitions musicales, le bémol se présente comme un signe de tonalité – une note comme le sol devient ainsi un sol bémol – qui a pour effet d'abaisser la note d'origine d'un demi-ton. Cette métaphore « mettre un bémol » est assez malencontreuse pour au moins deux raisons :

Le sol bémol n'est, en soi, ni « mieux » ni « moins bien » qu'un sol : les notes « bémolisées » ont au contraire puissamment contribué à l'écriture de nombreuses compositions, œuvres non pas mélancoliques comme on le croit souvent mais impétueuses et magistrales, voire martiales comme le célèbre *Maple Leaf Rag* de Scott Joplin[1], morceau à interpréter à un *tempo di marcia* et qui ne comporte pas moins de quatre bémols à la clef, sans connotation restrictive d'aucune sorte.

---

1. Musicien de jazz (1867-1917) célèbre pour ses compositions de style ragtime.

Il se situe seulement sur une « échelle » (autre métaphore spatiale ayant envahi la musique) qui fait que sa fréquence est moins élevée que celle du sol. À supposer qu'il faille le ranger sur une échelle de valeurs, il se confondrait de toutes façons avec le fa dièse qui représente exactement la même note sur un clavier et qui est plus élevé d'un demi-ton que le fa. « Mettre un bémol » ne signifie donc pas la même chose d'un point de vue musical et dans le langage courant.

Notons au passage que celui-ci n'est pas toujours très tendre à l'égard de la musique avec des expressions telles que « c'est du pipeau », l'équivalent de « c'est du vent » (ce qui n'est pas très obligeant pour la flûte à bec, instrument respectable au même titre que la flûte traversière) et « faire un numéro de violon » pour signifier « en faire trop ».

« Mettre en sourdine » fait référence à l'objet que l'on met dans le pavillon de certains instruments à vent et qui permet d'atténuer le son. « Mets-la en sourdine » est donc une vive invitation à se taire quelque temps, ce qui n'est certainement pas le cas des instruments concernés, que l'on entend bel et bien, mais autrement.

De même, dire « Doucement les basses ! », c'est demander à un groupe d'observer un peu de calme. Si les basses sont les fréquences qui se propagent le plus dans la musique, elles la rythment et lui donne son assise. Faire « taire » les basses reviendrait, ni plus ni moins, à faire de la musique sans rythme, à l'instar de ces coulées sonores diffusées dans certains grands magasins dans le but de créer un climat d'euphorie.

Se garder des abus métaphoriques

La métaphore managériale met l'accent sur un désappointement, une déception, une réserve, comme si le fait de monter une note d'un demi-ton constituait une bonne chose, et le fait de descendre d'un demi-ton relevait d'un événement triste ou regrettable. Par exemple, si l'on dit « Le personnel serait bien inspiré de mettre un bémol à ses revendications, même s'il est fondé à réclamer une modification du règlement intérieur de l'entreprise », cela signifie que le manager doit revoir ses prétentions à la baisse.

Dans d'autres cas, telle ou telle performance serait assortie « d'un bémol » car elle ne serait pas à la hauteur des prévisions : « Notre chiffre d'affaires a progressé de 10 % ; un bémol toutefois, notre rentabilité n'a progressé que de 2 %. »

En somme, le fait d'utiliser le *bémol* comme métaphore pour exprimer le désappointement ou l'échec apparaît bien comme une métaphore abusive.

De façon générale, le manager musicien se gardera d'user à tort et à travers de métaphores réductrices ou trompeuses qui non seulement n'éclairent pas son discours, mais en plus véhiculent des stéréotypes peu justifiés s'agissant de la musique. ▪

Réaliser

Dénoncer les mirages de l'espace

L'universalité en question

« La musique nous donne accès au cœur du monde », écrit Hubert Reeves. Phrase œcuménique mais qui gagne à être nuancée, et même contredite, tant elle est vague et ambiguë. De quel « monde » nous parle cet auteur ? Cette phrase sous-entend qu'il existerait une sorte d'universalité de la musique à laquelle chacun aurait accès quels que soient son tempérament, sa culture, etc.

Cela fut sans doute vrai à l'époque classique où toutes les grandes capitales européennes vivaient à l'heure italienne ou austro-allemande et où tous les compositeurs partageaient la même langue. Que l'on écoutât du Haydn ou du Rossini, on accédait, pour le coup, au cœur du monde… sauf que le XIXe siècle est passé par là et a rétabli le multilinguisme musical.

Une étude documentée de la revue *Diapason*[1] montre bien que « l'éveil des consciences nationales a sans doute précipité la nécessité de promouvoir des cultures fondées sur l'histoire et l'identité des peuples ». Et de citer maints chefs-d'œuvre d'inspiration nationale, qu'ils soient russes avec Glinka, Moussorgski, Prokofiev ou Chostakovitch, polonais avec Chopin, ou encore tchèques avec Smetana, Dvorak et Janacek. À l'universalisme des Lumières répondent ainsi les particularismes de l'esprit romantique, qu'il s'agisse de l'identité d'un peuple ou de la subjectivité d'un artiste : « La musique était conçue jusqu'à l'époque de Mozart comme le langage métaphorique des émotions, véhiculant des sentiments universels : elle apparaît de façon nouvelle comme l'émanation d'une culture. » L'exemple le plus connu est celui de Bela Bartok qui étudia soigneusement la musique populaire de son pays, révélatrice de « l'âme hongroise ». Mais on peut en trouver d'autres

---

1. Emmanuel Reibel, « Harmonie des peuples ? », revue *Diapason,* janvier 2007.

chez des compositeurs tels que Stravinski, pour la Russie, ou Grieg, pour la Norvège.

La russophilie de Leos Janacek[1] est bien connue, et le réalisme littéraire russe a joué un rôle capital dans la formation de sa pensée et de son imaginaire. Son quatuor n° 1, dit *Sonate à Kreutzer*, fait référence à l'œuvre éponyme de Tolstoï, alors très populaire dans les milieux russophiles de la ville de Brno, et dans laquelle le pouvoir de la musique sur les sens est remis en question au profit de sa valeur purement esthétique. Dans cette œuvre, Janacek annule la notion de développement et juxtapose des blocs très contrastés, mêlant le diatonisme, lié aux affects heureux, et le chromatisme, associé aux états plus tourmentés de l'âme.

Si certains se servent directement des thèmes du folklore ou de la littérature, d'autres tentent de faire la synthèse entre la rigueur architecturale de la musique classique et la richesse des thèmes populaires, parfois entièrement réinventés en imitant la veine d'origine. Mais à l'époque des nationalismes triomphants, la démarche ne devait point aller sans danger, de sorte que les compositeurs les plus clairvoyants de la première moitié du XXe siècle firent en sorte de réintroduire dans leurs œuvres une bonne dose de cosmopolitisme, de classicisme ou tout simplement d'autres influences que celles de leur culture d'origine. Ainsi, Tchaïkovski en Russie, Dvorak en Tchécoslovaquie et De Falla en Espagne abandonnèrent rapidement les sentiers caillouteux d'une référence nationale devenue sujette à caution pour s'ouvrir derechef à une musique plus universelle. La composition musicale postérieure à la Seconde Guerre mondiale vit donc émerger de nouveaux courants, méfiants à l'égard des écoles nationales et très ouverts, en revanche, aux mathématiques ; situation de nivellement si intense, en cette période de mondialisation, qu'elle provoqua à son tour un certain regain d'intérêt pour les cultures nationales. Singulier mouvement de balancier à laquelle n'échappent ni l'Histoire, ni la musique !

---

1. Leos Janacek, compositeur tchèque (1854-1928).

La singularité du compositeur

L'espace, quoi qu'il en soit, change avec le temps, se déforme et se reforme en fonction des courants de pensée, des errements idéologiques et des modes. On se gardera en tout cas de le considérer comme un tout monolithique, raison pour laquelle il convient de faire attention aux grandes déclarations sur l'universalité de la musique qui toucherait de la même façon tous les hommes, toujours et partout… D'ailleurs, bien au-delà des considérations géographiques, la musique est d'abord singulière pour celui qui la compose. Albeniz n'écrit pas comme Granados qui diffère de Manuel de Falla. Aucun d'entre eux n'aurait apprécié d'être confondu avec les deux autres sous prétexte qu'ils étaient tous les trois Espagnols. Fait-on confusion entre le hautbois et la clarinette au motif que ce sont deux instruments à vent ? Pourtant, ces trois grands compositeurs illustrent chacun à leur façon et simultanément (au début du XXᵉ siècle) une sorte de génie hispanique qui inspira d'autres maîtres occidentaux tels que Claude Debussy, Maurice Ravel ou Glinka, lesquels n'étaient pas natifs ni originaires d'Espagne.

À chacun de ces maîtres correspond une identité irréductible à toute relation, à tout classement étiqueté commode pour l'esprit mais impropre à restituer la réalité, ce qui est tout de même fâcheux. Comme le dit le grand poète espagnol Federico Garcia Lorca, Claude Debussy, qui ne se rendit jamais à Grenade, sut rendre, pour l'éternité, « les lointains bleutés de la Vega, la montagne qui salue la Méditerranée trembleuse, les énormes clous de brouillard plantés dans la distance, l'admirable *rubato* de la ville et les jeux hallucinants de l'eau souterraine »[1]. « L'andalousisme universel », pour reprendre l'expression forgée par Manuel de Falla, devient accessible à tous les créateurs, à condition d'être servi et renouvelé par le talent créatif et non pas décalqué comme un quelconque plagiat.

---

1. Federico Garcia Lorca, Pléiade, tome I, p. 813.

Une affaire de subjectivité

La musique est ensuite singulière pour celui qui l'écoute : telle cantatrice[1] avoue se trouver transportée en Espagne dès lors qu'elle interprète une mélodie de Manuel de Falla, avant même qu'elle ne se soit rendue physiquement dans ce pays. L'Espagne existe dans son imaginaire avant toute impression visuelle, avant tout déplacement.

Ne craignons pas les mots : la musique, même typée comme peuvent l'être les musiques slave, orientale ou ibérique, est d'abord affaire d'espace individuel, une sorte de jardin intérieur qu'il revient à chacun de cultiver à sa façon. Car si la musique n'a pas le même sens pour tous ceux qui la font, elle diffère tout autant pour ceux qui l'entendent. Chacun fait appel à ses émotions, à son imagination, à ses souvenirs… pour donner à la musique *le* sens qui lui paraît convenir.

Certes, on peut constater, parmi des individus d'une même culture, que certains phénomènes comme l'accélération du tempo ont un effet quasiment similaire, mais tous les détails, toutes les subtilités d'une œuvre ou d'une improvisation ne sont pas ressentis de la même manière par des auditeurs de catégories sociales pourtant proches.

La manière d'écouter peut *a fortiori* différer selon la culture de celui qui écoute. Pour illustrer cette dimension culturelle de la représentation des œuvres musicales pour un auditeur, le musicologue Jean-Jacques Nattiez[2] cite une anecdote relatée par Roman Jakobson dans le compte-rendu d'une conférence de G. Becking, linguiste et musicologue, prononcée en 1932 par ce dernier au Cercle linguistique de Prague :

« Un indigène africain joue un air sur sa flûte de bambou. Le musicien européen aura beaucoup de mal à imiter fidèlement la mélodie exotique, mais quand il parvient enfin à déterminer les hauteurs des

---

1. Joyce di Donato, mezzo soprano américaine. Entretien France Musique, décembre 2006.
2. *Fondements d'une sémiologie de la musique*, 1976.

sons, il est persuadé de reproduire fidèlement le morceau de musique africain. Mais l'indigène n'est pas d'accord car l'Européen n'a pas fait assez attention au timbre des sons. Alors l'indigène rejoue le même air sur une autre flûte. L'Européen pense qu'il s'agit d'une autre mélodie car les hauteurs des sons ont complètement changé en raison de la construction du nouvel instrument, mais l'indigène jure que c'est le même air. La différence provient de ce que le plus important pour l'indigène, c'est le timbre, alors que pour l'Européen, c'est la hauteur du son. L'important en musique, ce n'est pas le donné naturel, ce ne sont pas les sons tels qu'ils sont réalisés, mais tels qu'ils sont intentionnés. L'indigène et l'Européen entendent le même son, mais il a une valeur tout à fait différente pour chacun car leur conception relève de deux systèmes musicaux entièrement différents ; le son en musique fonctionne comme élément d'un système. Les réalisations peuvent être multiples, l'acousticien peut le déterminer exactement, mais l'essentiel en musique, c'est que le morceau puisse être reconnu comme identique. »

Il n'en reste pas moins que des voisins de palier peuvent aimer l'opérette, d'autres le jazz ou la musique baroque. Chacun « éduque » son oreille et finit par découvrir toutes les subtilités du genre de son choix. Celles-ci resteront secrètes pour les non-initiés et partagées par des individus d'origines radicalement différentes.

Et s'il a été affirmé que pour jouer de la musique il convient « d'avoir toujours une photo en tête », on nous pardonnera de préférer la couleur au volume et l'étendue de l'intuition à l'espace de la raison. Cependant, nul ne peut nier que notre époque aime l'espace. La tentation est là, irrésistible : de nos jours, tout se représente dans l'espace à trois dimensions. Les locaux commerciaux se muent en « espaces de bien-être », les cafés en « espaces de convivialité », sans parler des « espaces de dialogue » sur Internet. L'espace, décidément, est très « tendance ».

L'entreprise n'échappe pas à la règle avec son vocabulaire délibérément… spatial ! N'y parle-t-on pas de structures, de lignes (hiérarchiques) verticales, d'approches « horizontales », de matrices, de volumes, etc. ? Ces idoles optiques[1] font écho à ces idoles rhétoriques que sont les métaphores : elles expliquent tout, « décrivent » tout, soumettent tout. Du moins le croit-on, car ces représentations sont finalement limitées.

Le management enseigné par les formateurs se trouve ainsi réduit aux schémas de ronds, de flèches, d'épures. En effet, ces métaphores spatiales expliquent-elles bien la réalité ? En rendent-elles bien compte ? Le manager rationnel passe son temps à regarder, plus qu'à écouter, alors qu'il faudrait concilier les deux. Il *raisonne* souvent très bien, mais oublie parfois de *sentir* les situations, les rapports de force, les ambiances. Il surplombe l'entreprise de tout son regard au lieu de s'immerger en elle de tout son être.

À ce moment précis, le philosophe Henri Bergson nous apporte d'utiles lumières en posant une distinction entre *l'espace homogène conçu* par notre intelligence et *l'étendue perçue* par notre sensibilité et connue par notre intuition. Par suite, c'est la perceptibilité de cette étendue qui prouve son existence, tandis que l'espace inétendu n'est que pure conception, abstraction produite par notre intelligence :

« Si la représentation d'un espace homogène est due à un effort de l'intelligence, inversement il doit y avoir dans les qualités mêmes qui différencient deux sensations une raison en vertu de laquelle elles occupent dans l'espace telle ou telle place déterminée. Il faudrait donc distinguer entre la perception de l'étendue et la conception de l'espace : elles sont sans doute impliquées l'une dans l'autre, mais, plus on s'élèvera dans la série des êtres intelligents, plus se dégagera avec netteté l'idée indépendante d'un espace homogène. »[2]

La notion d'étendue, telle qu'elle est exposée dans cette analyse commentée par Pierre Truchot[3], est très féconde si l'on désire

---

1. Le domaine du sport est lui aussi touché : d'une équipe qui joue bien, on dit qu'elle « développe un bon *volume* de jeu ». Soit.
2. Henri Bergson, *Essai sur les données immédiates de la conscience*, PUF.
3. *Op. cit.*

approcher l'essence d'un espace qui ne serait pas de l'inétendue. En effet, si l'intelligence interprète spontanément des différences quantitatives, on peut se demander ce que deviennent ces différences primitives, qualitatives, créatrices d'étendues, y compris pour les êtres intelligents. Elles ne sauraient être annihilées par l'intelligence ; elles subsistent donc dans notre corps qui les a perçues. Dans ces conditions, le corps devient l'organe de la perception qualitative de l'étendue spatiale avant que l'intelligence ne l'interprète en « espace pur ». On comprendra d'ailleurs la possibilité d'une perception de ce genre, ajoute Bergson, « si l'on songe que nous distinguons nous-mêmes notre droite de notre gauche par un sentiment naturel, et que ces deux déterminations de notre propre étendue nous présentent bien alors une différence de qualité ». Par conséquent, n'est-ce pas cette étendue spatiale qualitative que les sons de la musique donnent à percevoir ?

La musique requiert l'intelligence pour la composer ou l'analyser, mais elle s'adresse moins à notre intelligence qu'à notre corps. Comme la musique, le management ne se présente pas sous la forme d'un exercice de style calligraphique mais comme une expérience vécue à même la vie. Comme la musique, il ne se limite pas à un développement discursif mais s'élargit à un devenir en perpétuel mouvement. En bref, le manager ne sera jamais assez musicien !

La musique, comme le management, se prête mal à une représentation spatiale uniforme : chaque musique est singulière, tout comme chaque équipe au sein d'une entreprise est unique. Remplaçons l'espace conçu par nos intelligences par l'étendue entrevue par notre corps et nos émotions.

Œuvres recommandées

Œuvres de Haydn, Beethoven, Brahms, Debussy,
Richard Strauss, Debussy, Sergiu Celibidache,
Archives 1945-1948, Harmonia Mundi.

Manager dans la durée

Le manager musicien sait qu'au-delà de l'espace, c'est le temps qui compte, le temps ressenti, c'est-à-dire la durée.

Le manager musicien s'intéresse avant tout à la mise en mouvement, au passage à l'action ; il s'accomplit non pas dans l'espace mais dans la durée.

Le manager musicien s'intéresse à la suite des variations, au fleuve continu du changement, image sensible du temps vécu.

Le manager musicien tire utilement profit de ces enseignements : lui aussi commence par s'abreuver aux sources bienfaisantes du management, mais il doit aussitôt se singulariser, trouver son style, faire en sorte qu'il ne soit pas confondu avec un autre. Il devient ainsi le témoin singulier de l'art universel de diriger ; sans cette nécessaire adaptation, sans cette recherche constante de la réponse adaptée au contexte, l'art de diriger reste un dogme froid, un stéréotype sans substance, un *logos* conceptuel. Le *tuning* possède un bel avenir managérial, art du réglage permanent, de la recherche sans fin de la bonne tension.

Le manager musicien prend garde aux concepts car il sait qu'en matière de management, on peut très vite passer à côté des vraies questions. Il en use pour agir.

Le collaborateur croit comprendre, il reconnaît ici un thème connu, un sujet qui résonne en lui un peu plus que les autres. Au fond, il fait semblant de suivre mais il est ailleurs, à l'image des faux mélomanes qui errent dans leurs rêves car ils ont perdu depuis longtemps le fil de l'œuvre.

La musique n'est qu'un « pendant ». Son « avant » est un rébus de notes et d'annotations, son « après », un souvenir comparable à une fumée dissoute dans l'air. Le management rationnel, que nous défions sans le renier, a tendance à ne saisir que « l'avant » et « l'après ». L'avant, c'est-à-dire les ingrédients : finances, psychologie, sociologie, marketing… ingrédients souvent utilisés verticalement alors qu'une approche décloisonnée serait des plus profitables ; l'après, ce qui sort de l'entreprise pour être proposé au consommateur.

Le manager musicien s'intéresse au « pendant », c'est-à-dire à ce qui se passe en lui et au sein des collaborateurs, ce qui les pousse à créer ceci ou à faire cela. La trajectoire de l'entreprise se dessine à tout moment, dans l'action. L'avant et l'après reposent sur des visions statiques, l'une passée, l'autre incertaine. La seule certitude accessible, c'est d'agir ici et maintenant. ■

Métisser avec discernement

La musique, c'est à la mode, est éprise de métissage. Les scansions de Bach font depuis longtemps le bonheur des jazzmen, le blues est accommodé à la sauce créole, le Rondo Venezziano enregistre des succès mondiaux en édulcorant les chefs-d'œuvre baroques à l'aide d'un sirop douceâtre qui leur enlève leur vigueur originelle, tandis qu'un chanteur en vue entend nous faire découvrir « la pop du XVIIe siècle » (*sic*). À quand Mozart façon *rythm and blues* ?

Nul ne peut contester l'intérêt de s'ouvrir à toutes les cultures, en particulier musicales : le jazz (fruit heureux d'une rencontre entre rythmes africains et instruments occidentaux), le rock, le reggae, les rythmes africains ou antillais sont d'authentiques et admirables créations, ils ouvrent à d'autres manières de mélanger les sons, les rythmes et les instruments. Le problème avec le métissage musical c'est qu'il n'est pas toujours synonyme de qualité, bien au contraire, à l'instar d'une certaine virtuosité plus éprise de forme que de fond. Disons le franchement : l'exercice de style est parfois hideux. Le métissage n'est pas non plus une fin en soi. Mal compris, et même détourné par certains prophètes d'un *new age* universel, il peut tourner à l'hérésie.

Comme le dit le proverbe africain, il convient « d'être tantôt arbre, tantôt pirogue ». L'arbre, par définition statique, plonge ses racines dans le terreau fertile de la tradition ; la pirogue remonte et descend les fleuves pour faciliter la pêche et le commerce sur les marchés. Être les deux à la fois relève de la quadrature du cercle, car une fois que l'on a énoncé que « l'identité n'était plus toute dans les racines, mais dans la relation »[1], on n'a pas réglé le problème du curseur.

---

1. Édouard Glissant, *Poétique de la relation*, Gallimard, 1990.

Au cours des siècles, la musique occidentale a connu un développement inégalé. Comme le dit Lucien Rebatet :

« Les Pygmées chantent les mêmes quartes depuis un millénaire sans doute. Durant ce même millénaire, la polyphonie occidentale est allée du Faux-bourdon *à la* Messe en si mineur, *au* Sacre du Printemps, *aux* Gruppen de Stockhausen *[…] Une ballade de Guillaume de Machaut, dans sa fraîche subtilité, n'est pas une œuvre moins belle, moins émouvante que les grands chœurs de* Parsifal. *»*[1]

Elle a accompagné l'occidentalisation accélérée de la planète et a bénéficié du talent de nombreux instrumentistes non occidentaux. Elle l'a même précédé, puisqu'on la trouve déjà durant les XVIIIe et XIXe siècles avec les Gluck, Cherubini, Rossini et autre Donizetti à Paris, tandis qu'elle s'est elle-même enrichie d'influences populaires diverses, Couperin ou Rameau bien avant Bartok ou Albeniz.

En sens inverse, les musiques dites « exotiques » (en tout cas, du point de vue occidental) cèdent partout du terrain, quand elles ne sont pas combattues comme des manifestations d'un temps révolu par des régimes se réclamant du modernisme. Pourtant, elles ont aussi recours à la polyphonie et aux rythmes complexes, et elles aussi servent de support à la mémoire de l'origine. Par exemple, à Zanzibar ou au Kenya, on chante encore le *tarab* (terme arabe qui signifie « transe »), tandis que le violon arabe ornemente les mélodies de modes arabes et égyptiens sur fond de rythmique africaine. Les musiciens d'aujourd'hui poursuivent la tradition des marins arabes venus s'implanter dans l'Océan indien depuis le IXe siècle (certes, avec des motivations parfaitement mercantiles). La planche de salut de ces musiques fut souvent leur récupération, plus ou moins heureuse, par la musique dominante, comme s'il leur fallait à tout prix être ingérées pour survivre à l'état de réminiscences.

Dans la pensée de l'intellectuel antillais Édouard Glissant, la relation se noue dans la rencontre de l'autre, du différent, du divers, qui

---

1. Lucien Rebatet, *Une Histoire de la musique*, Robert Laffont, 1984.

sont reconnus comme tels. Mais reconnaître n'est pas synonyme de comprendre. « Comprendre » implique l'idée de prendre avec, d'étendre les bras pour saisir et ramener à soi, donc de réduire à la transparence et refondre dans l'Un.

La mise en relation suppose au contraire de consentir à l'opacité, c'est-à-dire à la reconnaissance que le monde existe dans les saveurs de la complexité multiple. « Nous appelons donc opacité ce qui protège le Divers. » L'opacité, nous dit Glissant, est condition nécessaire de la relation à autrui : « Le consentement général aux opacités particulières est le plus simple équivalent de la non-barbarie. »

Œuvres recommandées

Serge Prokofiev, *Cantate Octobre*, Chœur Yourlov, Kirill Kondrachine, Orchestre philharmonique de Moscou, Melodia.

Bedrich Smetana, *Ma patrie*, Philarmonie tchèque, Rafael Kubelik, Supraphon.

Maîtriser la diversité

Ainsi, le manager musicien s'ouvre avec considération et précaution à la diversité. N'en déplaise aux bons apôtres du métissage culturel, la grande convergence mondiale n'est pas pour demain. Le management rationnel abuse parfois de la *modernité* dont il se prévaut. Succédant aux méthodes économiques anciennes, présumées moins scientifiques, il représente certes un progrès dans la combinaison des facteurs de production, si du moins on se réfère aux mesures habituelles dudit progrès : innovation, productivité, rentabilité ; mais, même si elles contribuent à une certaine uniformisation des méthodes, ces avancées sans doute inéluctables n'estompent pas *sui generis* les différences entre les cultures.

Autrement dit, le *lien* n'altère pas l'*identité*. Les propos de certains auteurs ancrés dans une tradition humaniste parfois teintée d'angélisme consistent souvent à sous-estimer la résistance du réel ; ces propos nous paraissent pour le moins à nuancer dans le cas de l'entreprise.

Si rencontrer l'autre peut contribuer à enrichir sa propre identité sans risque de la détruire, l'existence de rapports de pouvoir tels que ceux existant dans l'entreprise, notamment multinationale, peut, si l'on n'y prend garde, niveler dangereusement les attitudes et les comportements en plaçant tous les collaborateurs sous la toise de valeurs prétendument communes, avec pour conséquence le broyage des sous-cultures alvéolaires. ■

Se situer dans le temps

Saisir le temps par la musique

La musique peut nous aider à comprendre le temps. C'est même elle qui a le plus de chances de nous faire comprendre ce qu'est le temps. Écoutons Pierre, dirigeant et musicien d'orchestre :

« Un élément fondamental dans la musique, c'est le temps réel. Et dans l'entreprise aussi, c'est le facteur le plus compliqué à gérer, si l'on veut progresser, être compétitif. Toutes les décisions, les catalogues, les priorités… à la fin, l'élément régulateur de tout, c'est le temps. En musique, c'est le temps réel, quand il y a une fausse note, on n'arrête pas le morceau, on se rattrape en temps réel pour ne pas perdre le fil du discours musical. C'est vraiment un parallèle important, parce que cela peut permettre dans la vie de l'entreprise de prendre du temps sur le temps, comme on dit, de prendre de l'avance, d'anticiper… »[1]

Partir de la musique, c'est donc non seulement essayer de comprendre la musique, mais aussi tenter de comprendre le temps.

---

1. Pierre, entretien de février 2007.

Vladimir Jankélévitch, penseur riche en intuitions lumineuses, a parfaitement établi le lien entre la musique et le temps :

« Nous avons refusé à la musique le pouvoir du développement discursif, mais nous ne lui avons pas refusé l'expérience du temps vécu… Elle s'appelle devenir. »[1]

De même, la musique est un itinéraire au long duquel s'enchaînent des thèmes, même si elle n'est « qu'une petite pensée, une pensée naissante et tâtonnante, le contraire d'un enchaînement rigoureux »[2].

Plus près de nous, le musicologue Bernard Sève nous rappelle utilement que la musique est par essence un temps ressenti, autrement dit une durée qui s'élabore à mesure qu'on l'écoute :

« La musique est un merveilleux laboratoire du temps. »[3]

Il faut ici remarquer l'étonnante déconnexion philosophique de cette altération de tout examen de la question dialectique. Bernard Sève le formule explicitement : dans l'altération musicale, « il ne s'agit pas d'un mouvement hégélien (dialectique) d'auto-négation et d'auto-réconciliation ». Ainsi, la musique est une petite pensée qui nous transforme au fil du temps, non par la puissante mécanique de la thèse/antithèse/synthèse chère aux dialecticiens, mais en touchant directement au cœur et au corps. « Le temps a ceci de singulier qu'il s'écoute », confirme Jacques Attali, qui ajoute : « Le temps nécessaire pour apprivoiser l'œuvre est autre que le temps de l'œuvre lui-même. […] Ce temps perpendiculaire au temps d'exécution est un temps d'altération du sujet, c'est le sérieux de son exposition à l'œuvre, aux forces de la musique. »

Mais avant de considérer ce temps musical, essayons, comme le propose Michel Cornu[4], de le distinguer des autres temps.

---

1. Vladimir Jankélévitch, *op. cit.*
2. *Ibid.*
3. Bernard Sève, *L'altération musicale*, 2002.
4. Michel Cornu, *op. cit.*

Temps musical et temps scientifique

Le temps musical s'oppose au temps scientifique. En science, on va de l'explication à la compréhension, alors que c'est l'inverse dans l'art ; la causalité ne permet pas de comprendre la valeur d'une œuvre musicale, même écrite avec des règles rationnelles. La science cherche la compréhension objective du monde sensible en étudiant les qualités concrètes de l'objet (dans le management, on définit les notions de productivité, de rentabilité des capitaux, etc.), alors que l'art cherche une compréhension subjective (raison pour laquelle chaque œuvre d'art est unique). On peut déjà saisir l'importance de cette distinction pour le temps. Au temps abstrait et universel du chronomètre s'oppose le temps concret et individuel de la musique, autrement dit ce que nous pourrions appeler le « temps ressenti ».

Le temps musical n'est pas non plus le temps littéraire. Certes, tout comme la musique, le discours littéraire se développe dans le temps, mais dans ce dernier cas, le temps n'est qu'un instrument au service d'un sens logique qui lui est extérieur. En littérature, le temps a un extérieur : même dans un roman aussi « musical » que *À la recherche du temps perdu*, il y a le temps du récit qui se déroule et qui est extérieur au temps des événements dont on fait le récit. La musique, à l'inverse, est le temps même.

Le temps qualitatif de Bergson s'oppose ainsi au temps quantitatif de la science : il correspond au temps musical. Citons Bergson lui-même :

« Quand nous écoutons une mélodie, nous avons la plus pure impression de succession que nous puissions avoir — une impression aussi éloignée que possible de celle de simultanéité —, et pourtant c'est la continuité même de la mélodie et l'impossibilité de la décomposer qui fait sur nous cette impression. »[1]

Ainsi, comme notre conscience, la musique se déploie dans le temps. Une sonorité, une mélodie, une harmonie, un rythme

---

1. Henri Bergson, *La perception du changement*, PUF, 1959.

peuvent certes se définir de façon rationnelle, mais ce n'est évidemment pas la définition de l'harmonie ou du rythme que nous entendons en écoutant Schubert, même si elle nous aide à mieux penser ce que nous entendons et à ne pas rester des auditeurs passifs. La musique n'est pas de l'ordre du temps analysable comme peut l'être le temps de la montre ; elle est de l'ordre du temps qualitatif, « temps gonflé de vie sensible telle qu'elle s'expérimente dans son immédiateté et temps parfaitement intelligible de la conscience », comme le dit Michel Cornu[1].

Le temps musical réconcilie donc sensibilité et pensée, car si le temps musical est opaque aux concepts, il est clair à la pensée sensible et à l'action. Partir de la musique, c'est donc tenter de comprendre le temps, le temps tout court pourrait-on dire. Par extension, on pourrait avancer que la compréhension de la musique sert de modèle non seulement pour la compréhension du temps, mais aussi pour la compréhension des valeurs. Essayons donc de préciser quelques aspects de ce temps musical.

D'abord, le **son**. Comme la vie, le son naît et meurt. Comme du sable, il file entre nos doigts. Fugace, il est difficile à retenir, même prolongé, dans des proportions variables, par la pédale du piano, le vibrato de l'archet ou la résonance de l'orgue dans une nef. Sa brièveté en accentue l'émotion.

Vient ensuite la **mélodie** qui nous fait prendre conscience de l'éphémère cher au philosophe Héraclite, lequel nous rappelle que « tout coule » et « qu'on ne se baigne jamais deux fois dans le même fleuve ». Le « fleuve » de la mélodie découle du système tonal. La tonalité est construite sur des rapports entre les sons. Et tout le mouvement de la mélodie vise un but : le retour de la tonique, ou première note de la gamme. La mélodie a donc un commencement, un développement et une fin. Elle effectue un périple qui fait tout de suite penser, même sans formation musicale aucune, au devenir, à l'ouverture, au temps ressenti.

---

1. *Op. cit.*

Le temps musical, comme le temps de la conscience, est fait de continuités et de discontinuités, de sons et de silences, mais c'est, dans tous les cas, un temps à parcourir. Maurice Merleau-Ponty ne disait pas autre chose...

Le temps musical, enfin, est **rythmé**. Nous y reviendrons par ailleurs tellement la notion est importante.

Œuvre recommandée

Isaac Albeniz, *Iberia*, Olivier Chauzu (piano),
Intégrale Classic.

Savoir (se) mettre en mouvement

Le manager musicien ancre son action dans le temps en définissant des calendriers et toutes sortes de plannings. Mais ce faisant, il se change lui-même selon un processus de longue durée, bien plus long que l'action conduite. Autrement dit, il se transforme comme le musicien s'altère, ou plutôt se désaltère, par la musique, dans le but avoué de « revenir, plus confiant et plus délié, à l'expérience altérante et désaltérante de la musique ».

Le management, ou art de diriger, est lui aussi un devenir au-delà du développement discursif. La mise en mouvement et le passage à l'action ne s'effectuent que dans la durée.

Le discours managérial est un raisonnement qui progresse en déroulant toutes les implications du sens : de la stratégie, on passe à l'organisation, puis au sens qu'il faut donner à l'action pour déclencher la motivation.

De ce point de vue, il ne peut échapper à la toute-puissance de la dialectique et ce n'est d'ailleurs pas souhaitable. Mais il est aussi une « petite pensée », humble, tenace, chevillée au temps. Il imprègne le cœur autant qu'il convainc l'esprit.

Et si le management était, lui aussi, un tâtonnement, un art de l'ajustement constant... ■

Maîtriser le langage : que dire « en plus » ?

La musique nous enseigne que tout ne s'exprime pas par les mots, car comme le dit le compositeur Janacek, « La parole manque », plus exactement elle finit presque toujours par faire défaut dès lors qu'il s'agit d'exprimer l'inexprimable. Et où manque la parole commence la musique.

La musique, c'est du son sans le sens. Elle ne signifie rien au sens où nous l'entendons habituellement, même si elle évoque sans limites. C'est donc ni un discours, ni une langue, ni un langage au sens de la linguistique (avec une double articulation signifiant/ signifié).

Ce modeste constat empirique n'empêcha pas le développement dans les années 1970 d'une « sémiologie de la musique » chargée d'opérer les rapprochements et les différences entre musique(s) et langage(s), tout ceci pour aboutir au constat auquel on pouvait s'attendre selon lequel la musique n'est pas un langage, mais elle possède un langage, elle se sert d'un langage, fût-il mystérieux et difficile d'accès, qui, sans signifier rien, peut signifier… tout.

« La musique dit en hiéroglyphes sonores ce que le langage, occulte ou non, dit avec les mots »[1], résume ainsi le philosophe Jankélévitch avec son sens de la formule juste et épurée.

> **Œuvre recommandée**
>
> Claude Debussy, œuvres pour piano,
> Paul Badura Skoda, Harmonic Record.

---

1. Vladimir Jankélévitch, *op. cit.*

Dire les choses autrement

Essentielle leçon pour le manager qui, de son côté, n'exprime pas tout par les mots : il doit garder sa part de non-dit, non pas d'indicible mais d'ineffable, d'inexprimable par les concepts et les schémas du management rationnel.

Le silence du dirigeant s'assimile à une nuit transparente. Il n'est pas muet mais tacite, il suggère sans tout dire, il donne du sens sans tout mettre en mots, il signifie sans tout exprimer. En somme, il alterne l'univoque et l'équivoque. S'il dit tout, il ne reste aux collaborateurs plus rien à inventer, il fixe le but en même temps que les contraintes. Il doit laisser à son discours sa part d'équivoque : c'est dans cet intervalle précieux que les collaborateurs trouveront à s'exprimer, et c'est comme cela qu'ils se motiveront en trouvant du sens à ce qu'ils font. ■

La musique-silence : savoir ne rien dire

La musique est, selon la belle expression de Vladimir Jankélévitch[1], « une humanité automatique intermédiaire entre les hommes et les pendules », propre à signifier « quelque chose en général sans jamais rien vouloir dire en particulier ».[2]

Faire silence

Faire de la musique, c'est accepter de ne rien dire et par conséquent de faire silence. L'écoute d'une grande œuvre devrait ainsi être préparée par un silence, ce « vide » insupportable au concert pour les gens qui poursuivent leur conversation jusqu'à ce que la première note tombe. Une chose est sûre : qui ne sait écouter le silence ne peut entendre la musique.

On rapporte que lorsqu'on demanda à Mozart ce qui était le plus important dans sa musique, il répondit : « les silences ». Sacha Guitry, avec son sens inné de la formule juste, lui aurait fait écho en ayant dit :

---

1. *Ibid.*
2. *Op. cit.*, p. 75.

« *Ô privilège du génie ! Lorsqu'on vient d'entendre un morceau de Mozart, le silence qui lui succède est encore de lui.* »[1]

Et Miles Davis, orfèvre en la matière, énonce pour sa part que « la véritable musique est le silence et toutes les notes ne font qu'encadrer ce silence ». Mais, aurait pu ajouter le grand jazzman, nous ne retournons pas au silence comme nous y sommes entrés : la musique est une belle expérience de l'influence du passé sur le futur, car elle mélange l'émotion immédiate, la mémoire du son passé, l'attente du son à venir.

Une partition telle que la Symphonie n° 36[2] *de Mozart est émaillée de pauses, ce tiret épais et court indiquant un silence d'une mesure entière, quelle que soit la longueur de celle-ci. Pauses, soupirs*[3], demi-soupirs, quarts de soupirs… sans parler des points d'orgue qui prolongent la durée des notes et suspendent le jeu, et d'une autre façon imposent là encore le silence.

Si le son naît et meurt, c'est bien qu'il est entouré de silence et que, sans ce dernier, il perdrait tout son sens. On écoute la musique dans le silence, comme pour pouvoir la recréer intérieurement, ce qu'il nous arrive de faire lorsque nous fermons les yeux au concert. On pourrait dire que la sonorité surgit du silence, décore le temps avant de disparaître. Au fond, le silence définit tout et tout procède de lui.

Les nuances, en musique, qui vont de *pianissimo* à *fortissimo*, s'étagent du plus silencieux au plus fort. Le rythme syncopé, utilisé dans le jazz, consiste à marquer d'un silence le temps fort de la mesure et à attendre le temps faible pour jouer la note qui se prolongera sur le temps fort suivant.

Dans un orchestre, il faut bien admettre que tout le monde ne peut pas, ne doit pas jouer en même temps. Chacun apporte son talent

---

1. Sacha Guitry, *Toutes réflexions faites*, Press Pocket.
2. Symphonie *Linz en do majeur* K 425.
3. Silence dont la durée correspond à celle d'une note noire.

en fonction de ce que lui demande, à travers la partition, l'auteur caché de l'œuvre. Les uns servent les autres, soutiennent par le jeu, mettent en valeur par le silence. Mais le silence a surtout pour « fonction » de mettre en valeur la musique elle-même, selon la formule déjà citée : « Le silence après Mozart est encore du Mozart. » L'émotion musicale a besoin, pour être pleinement ressentie, d'une pause, faute de quoi l'auditeur est submergé, ne sait plus qu'éprouver. Il participe enfin de l'attente de ce qui va commencer, de ce qui va suivre. Car il ne faut pas s'y tromper, le silence, en musique, ne sonne pas comme le creux, comme le vide de l'absence. Au contraire, tout en lui est présence, il retentit longuement et entretient la résonance des notes précédentes ; il parachève ce qui vient d'être dit en semblant ajouter une sorte de « oui, vous avez bien entendu, écoutez-le encore, ne partez pas ! » ; « langage indirect », pour reprendre l'expression du philosophe Merleau-Ponty, le silence n'en est pas moins un langage lourd, chargé de sens, inépuisable.

Oui, la musique a besoin de silence, son pouvoir expressif en dépend. Constamment aérée, elle respire à l'envi, crée l'attente en ne disant rien.

La composition aléatoire

Beaucoup plus près de nous, le compositeur américain John Cage[1] propose une réflexion radicalement renouvelée sur la création musicale. Pour lui, il ne s'agit plus de faire de l'œuvre musicale une activité cérébrale, abstraite, élitiste, mais une « action » à l'initiative du musicien-acteur. Le son est produit non par l'esprit mais par le geste aléatoire, démarche singulièrement parallèle à celle de « l'action *painting* » de la même époque[2] et en rupture complète avec les approches de la musique de Boulez ou Stockhausen, qui prônent la prééminence du créateur, tout en laissant une certaine liberté à l'interprète.

Après s'être appliqué à transformer les propriétés sonores des instruments, Cage s'aventura sur le terrain de la composition aléatoire, se servant de diagrammes, de jets de dés, de pièces de monnaie, recourant même à des oracles pour éliminer tout choix subjectif.

Ce faisant, il se rapproche de la nature, indéterminée, soumise au hasard aussi bien qu'à la nécessité… et parfois silencieuse. Dans *4'33" pour n'importe quel(s) instrument(s)*[3], aucun son ne doit être produit ; c'est une manière de faire comprendre que le silence, lui aussi, doit être entendu. Reste la durée, ultime limite fixée à l'œuvre. Cette œuvre souligne plus que n'importe quelle autre l'importance qu'accordait John Cage au silence. Comme le dit Yoko Ono qui fut son inspiratrice, John Cage « considérait le silence comme une vraie note ».

Il revient à chacun d'apprécier ou non l'œuvre de John Cage, qui fut tour à tour traité de néo-dadaïste, d'anarchiste ou de provocateur, tout simplement parce qu'il voulait briser les cadres de l'académisme. L'important ici est de souligner son éloge constant du hasard

---

1. John Cage (1912-1992).
2. Jackson Pollock développa des approches très similaires avec la technique du *dripping,* consistant à projeter de façon aléatoire la matière picturale sur la toile posée à même le sol. John Cage, paraît-il, détestait cependant la peinture de Pollock !
3. 1952.

et de l'indéterminisme. Avec John Cage, la créativité de l'interprète prend le pas sur le compositeur et le chef d'orchestre, personnages omnipotents, suivis à la lettre et révérés. Ici, l'indépendance, la dignité de chacun, qu'il soit exécutant ou auditeur, priment sur la sujétion ou la subordination. Et notre créateur de donner un coup de pied dans la fourmilière musicale, mais aussi sociale, toutes deux marquées des notions de hiérarchie et de commandement.

« Être artiste, disait John Cage, c'est d'être engagé par soi-même et non par quelqu'un d'autre. »[1]

Toute l'évolution de son expression montre que John Cage fut plus un créateur dans le sens large qu'un compositeur traditionnel. Son but était de refuser toute idée d'intentionnalité dans l'art pour favoriser la notion de liberté.

La musique, quoi qu'il en soit, a besoin du silence pour exister. N'en va-t-il pas de même pour le management ? Écoutons à cet égard Michel, dirigeant musicien, mettre en exergue le silence, préalable à toute expression féconde de la pensée et de l'émotion :

« Je ne peux pas me concentrer sans silence… J'ai beaucoup de mal à travailler dans le bruit qui cause des fatigues et des micro-stress… Si on veut progresser, la principale vertu d'une expression c'est d'être comprise… La musique est une pause dans un univers agité, nos univers de dirigeants son agités et le seront de plus en plus. Dans le métier de patron il y a trente ans et aujourd'hui, il y a une demande, un niveau de stress qui n'ont rien à voir, il y a de moins en moins de zones de repos. »[2]

---

1. Cf. John Cage, *Silence : discours et écrits*, Denoël, 2004.
2. Entretien de janvier 2007.

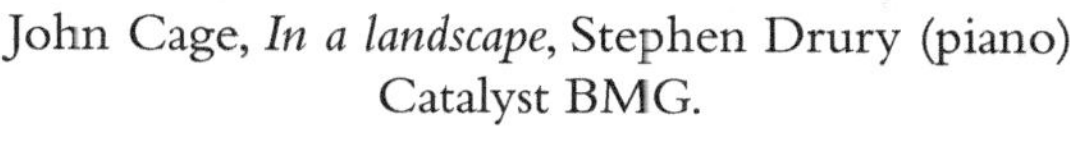

John Cage, *In a landscape*, Stephen Drury (piano) Catalyst BMG.

Miles Davis, *Les indispensables,* Sony Music Media.

Donner le muet exemple de sa vie

Que doit en penser le manager musicien ?

Qu'il convient, avant tout, de préserver sa liberté créatrice plutôt que de respecter à la lettre dogmes, conseils et autres « il n'y a qu'à… » du management rationnel.

Qu'il ne parviendra jamais à « tout mettre en équations » et qu'il lui faut apprendre à agir, et surtout à décider, en environnement incertain. La réduction des risques est louable, à condition qu'elle ne suspende pas trop longtemps le cours de l'action, le temps de la décision.

Qu'il est bien d'être éloquent non par les discours et la profusion des mots mais par les actes, l'action étant au fond le meilleur « révélateur » de l'intention qui la porte.

Qu'il vaudra plus par le muet exemple de sa vie de dirigeant, autrement dit par ses attitudes fondatrices de leader[1], que par un débordement d'incantations et de plaidoyers *pro domo*.

Qu'il fera faire des progrès décisifs à son écoute en pratiquant le silence intérieur.

Si l'homme n'est pas un « pendule », il a besoin de se relier à lui autrement que par des concepts. Car il s'agit ici, notamment pour le manager, non pas de vouloir dire mais de signifier, non pas de recourir sans cesse aux préceptes du management rationnel, certes utiles, mais d'annoncer autre chose, cet « en plus » qui permet de créer un bon climat, une ambiance motivante, une saine émulation au sein des équipes.

---

1. Notamment le calme, le courage, la constance, vertus « silencieuses » s'il en est…

Les collaborateurs en ont parfois assez des paroles, injonctions et autres mises en garde reçues à longueur de journée, assez des chartes, des procédures, des notes de service. Ils ont besoin de quiétude. Après tout, eux aussi doivent trouver leur rythme « mélodique » au-delà des incessantes pulsations de l'entreprise.

Le management musicien, ancré dans le temps, dans la durée, plutôt que dans un discours plus ou moins spatialisé, repose ou en tout cas ménage des pauses.

Le management de demain doit devenir plus nocturne, c'est-à-dire plus silencieux. ▪

Chapitre III

L'entreprise-orchestre : attraits et limites d'une métaphore

« Respecter et servir la musique,

oser cette transgression positive

qui peut apporter un éclairage différent

de la lecture du compositeur. »

(Jean-Claude Casadesus, chef d'orchestre)

L'art de diriger une entreprise

C'est devenu l'un de leurs divertissements favoris : les managers usent fréquemment de métaphores pour illustrer l'art de diriger. Ils adorent puiser dans un vaste vivier d'images de quoi se définir, se légitimer et faire rêver. Du moins le croient-ils, car l'image, même évocatrice, ne remplacera jamais l'introspection et la volonté.

Il en est ainsi du domaine musical qui exerce sur le monde managérial une fascination croissante, à commencer par l'orchestre présenté comme une métaphore aboutie de l'entreprise. Au prétexte que le chef d'orchestre serait un « leader », il contribuerait, de façon imagée, à définir ou à préciser les qualités et le rôle d'un personnage qui dirige les actions d'un groupe, considéré comme l'orchestre. La métaphore continue de connaître une certaine fortune :

« Dans l'immédiat, après le débat difficile sur l'Europe, des clivages sont en train de réapparaître à l'occasion de la préparation de la convention sur la démocratie. Jack Lang, qui en est le chef d'orchestre, a souligné samedi que l'objectif est de "réduire la fracture civique entre la classe dirigeante qui accapare le pouvoir, et les citoyens qui se sentent à l'écart". »[1]

En matière sportive, par exemple, les mots « capitaine » ou « chef d'orchestre » sont presque devenus interchangeables car ils désignent la personne qui coordonne les actions. Tel joueur imposerait ainsi son talent de « chef d'orchestre » de l'attaque, faisant en sorte que ses coéquipiers imposent leur pressing et leur vivacité en milieu de terrain et leur physique en défense. Soit. Mais la métaphore sportive commence à s'essouffler, les équipes de football ou de rugby ayant perdu de leur pouvoir d'attraction en raison des

---

1. *Le Monde*, 14 mai 1996.

vagues de violence et de dopage qui déferlent depuis quelque temps sur nos stades. Et puis, ajoute avec humour Marc, directeur d'un orchestre symphonique, « l'équipe de foot perd parfois ses matchs, mais l'orchestre, lui, ne perd jamais, il apparaît comme une sorte de robot qui ne fait que ce qu'il a à faire et ne peut pas se tromper ».[1] Fascinés par cette infaillibilité supposée, les dirigeants se perçoivent de plus en plus « en chefs d'orchestre conduisant un ensemble d'équipiers qui seraient autant d'instruments différents. Ils s'efforcent alors de faire s'accorder cette diversité pour parvenir à l'harmonie opérationnelle. Experts dans l'art d'écrire les partitions de chacun (ce qui à notre humble avis est plutôt le propre du compositeur), ils se positionnent au centre de l'action et en maîtrisent tous les rythmes ».[2]

À en croire cet auteur, le bon chef d'orchestre parviendrait à coordonner le travail de son groupe pour que les résultats (pièces musicales) soient présentables :

« Voir un chef d'orchestre à l'œuvre vous donnera des perspectives nouvelles sur comment faire démarrer et fonctionner une équipe, et vous montrera par l'exemple comment chacun joue sa partie. Car à la tête d'un orchestre ou en entreprise, il faut savoir convaincre, rassurer, donner confiance, insuffler de l'énergie… »[3]

Un autre chef d'orchestre s'embarque délibérément dans l'espace en comparant le chef d'orchestre à une sorte de pilote :

« Lequel (le pilote) *aurait sous ses doigts l'ensemble des pièces composant son avion, et qui influerait directement sur ces éléments pour l'amener à voler et à naviguer. En l'occurrence, les différentes pièces de cet avion auraient chacune au préalable reçu la connaissance spécifique de leur rôle dans l'ensemble qui forme l'avion, et le pilote utiliserait toutes ces pièces douées de connaissance comme autant d'outils intelligents. Sa conscience des différents outils dont il dispose, sa conscience*

---

1. Marc, entretien de février 2007.
2. Olivier Devillard.
3. *Ibid.*

de la façon de les utiliser, du langage qu'elles utilisent, sa conscience des éléments (la gravité, la portance de l'avion, le vent, etc.) lui permettraient de réaliser sa mission, la navigation. »[1]

Naviguer, tel est bien l'enjeu, avec toutefois l'aide de la partition qui divise le temps et donne les nuances. Décidément, on a toujours besoin d'un « ailleurs » auquel se référer ! Selon un organisateur de séminaires sur ce sujet[2], « Le chef d'orchestre, la tête dans les étoiles, est comme un grand gourou de l'expression musicale, et le manager, les pieds sur terre, est cartésien et pragmatique. L'orchestre et l'entreprise, deux univers bien distincts ? Pas si sûr ! »

Visiblement, le sujet est à la mode et suscite des vocations. La première chose à faire, c'est de tenter de décrire l'orchestre en distinguant la perception et la réalité.

---

1. Raphaël Sanchez, conférence ICAD, mai 2000.
2. Euromed Marseille, programme de formation continue, 2007.

L'orchestre tel qu'il est perçu : la scène

Observons d'abord une formation musicale de l'extérieur. Cet « extérieur » compte beaucoup dans la mesure où c'est à partir de cette représentation idéalisée et stéréotypée de l'orchestre que s'élaborent des images plus ou moins exactes et des parallèles plus ou moins inspirés avec le monde de l'entreprise.

Chacun son rôle...

Pour le profane, l'orchestre consiste en un ensemble assez indistinct d'hommes et de femmes habillés de noir et jouant à l'unisson ; de cet ensemble émergent le chef, dont on ne comprend pas toujours bien à quoi il sert puisqu'il ne joue aucun instrument et arrête même parfois de battre la mesure, quelques solistes faisant l'objet d'égards particuliers, et des instrumentistes atypiques éloignés de la scène, chargés d'exécutions sporadiques sur des instruments étranges, dont on confond le plus souvent les noms, le plus connu d'entre eux étant le triangle.

Une grande famille

Le chef arrive, les musiciens se lèvent : l'orchestre serait une équipe souriante et dévouée au bien commun, une grande famille homogène, unie par la passion commune de la musique et capable, sous la houlette d'un chef omnipotent, de se transcender. Tout semble confirmer cette impression de bon ordre : les uniformes des musiciens, leur entrée progressive sur scène suivie de l'arrivée du premier violon, l'installation des pupitres selon une configuration immuable, l'accord des instruments, les bavardages et sourires aimables entre collègues de l'orchestre, l'entrée du chef sous les applaudissements... On se prend à rêver : les débuts de concerts donnent à voir, sous nos yeux émerveillés, une communauté humaine huilée et harmonieuse, ce qui, après tout, n'arrive pas tous les jours dans les entreprises. Même les archets des instruments à cordes vont et viennent en bon ordre, comme si la chose allait de soi...[1]

La figure majestueuse du chef

Le chef est figuré en une sorte de démiurge dominant de toute sa taille et de son talent, (l'ensemble des musiciens étant assis), une sorte de souverain tour à tour bienveillant et redouté, détenteur de l'âme de l'œuvre à interpréter ; livrés à eux-mêmes, les interprètes seraient bien incapables de jouer ensemble et de se pénétrer de l'intention secrète du compositeur. S'y ajoute la vision sublimée de l'artiste, musicien généralement « précoce », détenteur d'un « don inné », ayant généralement « beaucoup d'oreille », sachant apprendre une partition « en un rien de temps » et, bien entendu, apte à jouer d'instinct en groupe, comme s'il l'avait fait depuis sa plus tendre enfance. L'artiste, côté scène, fait rêver, et cela est sans doute très bien ainsi.

Certes, il est normal qu'un orchestre en représentation tente de donner une bonne image de lui-même. Après tout, les entreprises elles-mêmes sont tentées de se mettre en scène, de théâtraliser à l'excès leur communication et au surplus chacun, dans la vie courante, essaie de se présenter à son avantage. Encore faut-il avoir conscience de ce « gommage » social, qui donne l'impression que s'estompent les trajectoires individuelles, les rivalités personnelles, les antagonismes entre les groupes.

---

1. Jadis, les musiciens n'avaient pas obligation de « tirer » et « pousser » l'archet en même temps ; celle-ci a été imposée au début du XXe siècle pour « mettre de l'ordre » dans le jeu des musiciens.

L'orchestre dans sa réalité : la coulisse

Un micro-système de castes

Le « miracle » du concert, ce qui est vu et entendu du public, dissimule par conséquent un monde de coulisses secret et tourmenté, celui du fonctionnement de l'orchestre, machinerie lourde, conservatrice et hiérarchisée. Une fois de plus, les profondes différences entre le *front stage* et le *back stage*, mises en évidence de longue date par les sociologues, apparaissent ici de façon frappante. Car la réalité, on s'en doute, est bien différente : l'orchestre, décrit par Bernard Lehmann[1], est une sorte d'entreprise, en tout cas une collectivité « avec son organisation interne, ses conditions de travail, sa division propre des tâches, ses hiérarchies ».

Le premier violon[2], véritable chef de file de tous les musiciens, joue un rôle déterminant dans la recherche du « son » de l'orchestre. Placés sous l'autorité des solistes, les pupitres forment des équipes interdépendantes mais aux rapports parfois difficiles. S'ajoute à cela le fait que les musiciens, d'origine sociale et culturelle très différenciée, ne partagent pas tous les mêmes valeurs, en dehors d'une motivation commune à faire de la musique. Même si elles sont moins accentuées qu'autrefois, les différences d'origine et d'horizon culturel demeurent, situation contrastée qui n'est d'ailleurs pas propre à l'orchestre puisqu'on la retrouve dans des disciplines telles que la danse ou l'art vocal… et bien entendu dans l'entreprise.

Marc présente l'orchestre comme un milieu « endogame », où les mariages se font non seulement dans l'orchestre mais au sein du même pupitre : « On voit rarement une violoniste épouser un clarinettiste », précise-t-il. Et le vaste domaine des instruments à

---

1. Bernard Lehmann, *L'orchestre dans tous ses éclats*, La Découverte, 2005.
2. Le premier violon, ou *Konzert Meister*, possède un statut à part : il travaille moins d'heures au sein de l'orchestre, peut se faire « inviter », doit consacrer du temps à travailler sa virtuosité, etc.

vent recouvre des réalités sociologiques bien diverses, selon qu'il s'agit de flûtistes ou de trompettistes. En clair, l'orchestre réel, avec ses castes, est moins « ouvert » que le reste de la société : les musiciens vivent et travaillent entre eux, mariages et adultères s'y pratiquent.

Un univers saturé

Ces différences de culture ne se résorbent que dans la musique et dans la sensibilité qu'elle réclame. Un administrateur d'orchestre va jusqu'à décrire l'orchestre comme une communauté « pas très cultivée », « peu évoluée », « vulgaire », dont les membres n'ont qu'une idée en tête : faire de la musique de façon « merveilleuse de sensibilité », mais aussi quasi « monomaniaque », sans s'intéresser à « autre chose ». Un autre dirigeant décrit les musiciens comme « ne lisant pas », « n'allant pas au théâtre », etc. La musique incarne le seul lien qui rassemble les musiciens, tandis que la dichotomie entre l'artiste et l'individu y est souvent décrite comme « totale ».
Ainsi,

« Avant d'avoir l'oreille musicale, [le chef] se doit d'avoir l'oreille sociale. Face à l'orchestre, il affronte un volcan qui sommeille. Qu'il soit maladroit dans ses propos ou dans sa manière de transmettre les consignes, malhabile dans les salutations, la tenue, il ne manquera pas lors des répétitions de réveiller les divergences sociales et les luttes intestines…Alors, il ne lui sera plus guère possible de faire entendre aux musiciens la façon dont ils doivent jouer tel ou tel passage. Ceux-ci se contenteront d'assurer pendant le concert. Bref, le travail d'orchestre est un travail collectif effectué par des agents qui n'ont souvent en commun que le partage des mêmes horaires, du même espace de travail et des mêmes contraintes. Le premier travail du chef d'orchestre consiste à gérer leurs antagonismes. »[1]

---

1. Bernard Lehmann, voir *supra*.

L'orchestre : une micro-entreprise ?

Une organisation bien huilée

Force est donc de constater que l'orchestre est tout de même assez éloigné de la représentation monolithique et raffinée que l'on s'en fait souvent. L'image de l'orchestre-entreprise est d'ailleurs en partie confortée par les faits, tant les administrateurs d'orchestre se comportent bien comme des managers, évoluant toutefois dans un environnement hybride. Les orchestres, en particulier les grands orchestres régionaux, fonctionnent souvent en association, formule plus autonome que la régie, et sont fiscalisés (taxe professionnelle, impôt sur les bénéfices, TVA). Ils disposent de services techniques importants (service financier, direction artistique, service de communication) qui leur permettent notamment de partir en tournée.

Comme dans toute entreprise, les salaires sont évidemment soumis aux cotisations sociales, y compris pour les rémunérations versées aux musiciens invités (chefs, solistes). Les formations importantes disposent de délégués syndicaux et, bien que fonctionnant sur des fonds publics, appliquent les règles du droit social privé : contentieux, prud'hommes. Les négociations sont parfois rudes et portent souvent sur les aspects distincts de la rémunération (défraiements, rétributions annexes). Les formations doivent en outre gérer leurs ressources humaines, prévoir les départs, recruter, etc. La gestion des départs en retraite est quelque peu anti-artistique, les musiciens ayant la faculté de cumuler leur retraite et leur salaire de musicien, ce qui ne favorise pas précisément le renouvellement des générations. Les licenciements sont rarissimes, parce que très difficiles dans des structures de type parapublic, d'autant que l'esprit de corps des orchestres rend la chose très délicate. Mais la faute grave peut contraindre l'administrateur à maintenir fermement sa décision, nonobstant l'avis des délégués syndicaux et des tribunaux, qui parfois s'y opposent aussi. Les formations doivent, enfin, rendre des comptes à leurs bailleurs de fonds comme le ferait une entreprise auprès de ses actionnaires (présentation des budgets, conseils d'administration).

Contrairement à la vision romantique que l'on peut en avoir, les musiciens « ne travaillent pas que le soir ». Leurs journées sont aussi remplies que celles d'un collaborateur d'entreprise. Aux répétitions collectives s'ajoute le travail personnel sur les partitions – qui s'apparente à la formation individuelle en entreprise car elle permet « d'être au niveau » quand vient le moment du travail en commun –, les déplacements, les formalités administratives, l'enseignement, la pratique de la musique de chambre à titre personnel dans d'autres ensembles, etc.

Une structure bicéphale

La comparaison entre les fonctionnements respectifs de l'entreprise et de l'orchestre ne peut pas non plus ignorer que l'orchestre est en réalité une structure bicéphale, très éloignée de la fiction du chef en permanence solitaire face à ses musiciens.

À côté du chef d'orchestre existe en effet un *alter ego* administratif et financier qui fait de l'orchestre une sorte d'entreprise à deux têtes, ce qui après tout arrive aussi dans les entreprises non musicales. Certains orchestres, notamment celui de Paris, ont un directeur général auquel se reporte le chef d'orchestre, directeur musical. Dans d'autres formations, c'est l'inverse.

Quoi qu'il en soit, la coopération au sein de la dyarchie est parfois délicate dans la mesure où le chef d'orchestre, surtout s'il est le directeur musical, autrement dit le chef permanent, n'a guère envie de se mettre les musiciens à dos, et se tourne parfois vers son *alter ego* pour faire passer les décisions difficiles. De là à dire que le directeur administratif joue le rôle du « méchant » et le chef permanent celui du «gentil », il n'y a qu'un pas que nous serions tentés de franchir. Ne l'est-il pas souvent dans la réalité ?

Les musiciens ont tour à tour à faire au chef ou à l'administrateur selon la nature des problèmes qu'ils ont à résoudre, et, en ce qui concerne le domaine non musical, ceux-ci sont fort nombreux (horaires, pauses, doléances contre le chef ou les autres musiciens[1], éclairages, etc.).

La gestion des ressources humaines

Dans le domaine de la gestion des ressources humaines, le fait que les salaires des musiciens s'apparentent davantage à ceux de la fonction publique (indexation, progression à l'ancienneté) pose, au moins, deux problèmes spécifiques :

- Celui de l'équilibre par les subventions qui, renouvelées à coûts constants, ne suivent pas nécessairement l'évolution des coûts, d'autant que les contrats à durée déterminée contribuent à figer et alourdir la structure et à rendre difficiles les recrutements occasionnels.
- Celui du mérite individuel qui ne peut être pris en compte, contrairement aux systèmes en vigueur dans certains orchestres anglo-saxons. L'approche salariale, sous l'influence syndicale, est plutôt de type égalitaire : les salaires « planchers » sont assez élevés et la marge d'évolution plutôt faible, avec une différenciation peu marquée entre les tuttistes[2], les solistes et les chefs de pupitre. Égales pour tous, les primes de fin d'année accentuent le nivellement des rémunérations. Il est vrai qu'en matière artistique, il n'est guère aisé de quantifier les objectifs. En revanche, les musiciens sont tout à fait sensibles à l'excellence de leur réputation, à la fierté d'appartenance à un orchestre renommé (notions motivantes pour eux et qui les obligent à travailler, à maintenir leur niveau).

---

1. Les trompettes, sonores comme l'on sait, gênent les instruments à vent placés immédiatement devant eux (hautbois, clarinettes) et nécessitent la mise en place de pare-sons.
2. Instrumentistes chargés de jouer ensemble, par opposition aux solistes qui jouent seuls certains passages et animent le pupitre.

Un manager d'orchestre présente les choses ainsi :

« La culture d'un orchestre, c'est une sorte de culture d'entreprise dont les critères ne seraient pas rationnels… On ne mesure pas la performance par comparaison au chiffre d'un collègue, on n'arrache pas des marchés… L'excellence en matière musicale, c'est très difficile à mesurer. Ça ne se mesure pas au nombre de notes jouées par chacun… Dans une entreprise comme celle-là, la raison n'a aucune place… »[1]

L'orchestre, au demeurant, n'a rien d'une PME flexible et constamment à la pointe des évolutions. Les musiciens s'y montrent, dans certains cas, très résistants au changement, attachés à leur situation « topographique » dans l'orchestre, toute modification, par exemple dans la disposition des pupitres ou les horaires de travail, étant *a priori* regardée avec méfiance.

La multiplication des concerts dans une saison peut soulever des réticences, d'autant que les interprètes, comme nous l'avons dit, mènent simultanément trois carrières : celle de musicien d'orchestre, de professeur et de concertiste individuel ou membre d'une formation de musique de chambre.

L'organisation des tournées n'est pas non plus chose simple, car il convient d'optimiser les coûts, ce qui implique de limiter le nombre de musiciens à déplacer, les frais de transport du matériel, etc.

Les orchestres exercent enfin des missions de service public parfois éloignées de la notion de rentabilité (actions pédagogiques gratuites, concerts dans les prisons), et complémentaires de celles de l'Éducation nationale, quand elles ne pallient pas entièrement ses carences.

De la même façon, les musiciens se sentent incompris de ceux qui ne sont pas sur scène, à savoir les administratifs et les techniciens, qui ne « se rendent pas compte » de ce qu'est le stress de la scène et se montrent, bien entendu, « injustes » dès lors qu'il s'agit d'appliquer

---

1. Administrateur d'orchestre, entretien janvier 2007.

une quelconque sanction disciplinaire à un instrumentiste. Le fossé est d'autant plus profond que le musicien estime savoir gérer et comprendre la réalité administrative, tandis que les administratifs seraient bien incapables de faire de la musique et « ne savent même pas lire une partition ». S'y ajoutent les pathologies communes à bien des groupes sociaux (éthylisme, drogue, dépression) et celles propres aux musiciens (arthrose du cou, des bras ou des mains, lèvres abîmées des instrumentistes à vent, etc.).

L'administrateur d'orchestre occupe donc une fonction ingrate dans laquelle il doit constamment se légitimer, trouver des solutions avec les musiciens et jamais contre eux :

« La difficulté du rôle de directeur d'orchestre c'est que vous n'avez pas la capacité de leur prouver que vous pouvez être un chef d'orchestre aussi, et que les seules choses que vous avez à leur imposer sont des choses qui ne leur sont pas agréables. Il faut sans arrêt démontrer une légitimité musicale et artistique, et il n'y a que comme cela que l'on peut s'imposer… Aux artistes, vous ne pouvez parler qu'en artiste ; c'est à travers ce dialogue permanent au plan artistique que vous pouvez arriver à établir une règle commune au niveau de la discipline, des horaires, des tournées, etc., mais c'est extraordinairement difficile. »[1]

Ainsi, le monde de la représentation musicale n'a que peu à voir avec le monde réel de la musique. Il en est même l'image inversée, car en représentation, l'orchestre « laisse de côté » ses pesanteurs pour se concentrer sur l'œuvre et s'efforce de donner une « bonne image », comme le ferait une entreprise qui communique ses résultats. La réalité est plutôt de type schizophrénique, l'orchestre se livrant à une activité artistique, en l'occurrence la musique, tout en étant sujet à toutes les contraintes d'une organisation humaine : un musicien, excellent artiste, peut se voir appliquer des mesures disciplinaires. En outre, l'autorité du chef est perçue de l'extérieur comme omnipotente est fragile. Quand elle est compromise, il faut tout de suite reprendre la main, assure un administrateur

---

1. Administrateur d'orchestre, entretien janvier 2007.

d'orchestre, rétablir la situation, ce qui n'est pas simple du tout et même extraordinairement compliqué, s'agissant d'une masse d'artistes comme celle d'un orchestre ; d'autant que le chef peut vouloir rester proche de la position des musiciens et ira rarement à l'encontre de ce que souhaite l'orchestre. En cela, le parallèle souvent esquissé avec le chef d'entreprise semble des plus précaires.

Tels sont les faits. De là à dire que la métaphore de l'entreprise-orchestre repose sur une vision simpliste, voire inexacte, du fonctionnement d'une formation musicale, il n'y a qu'un pas, que chacun, en fonction des éléments mis en avant ici, décidera ou non de franchir.

Le double rôle du chef d'orchestre

Le rôle managérial du chef d'orchestre

Qu'en est-il de la direction d'orchestre, présentée comme une sorte d'incarnation du management pur ? Des livres entiers ont été consacrés à la direction d'orchestre, mais, très techniques et teintés de musicologie savante, ils ne nous renseignent guère sur l'art et la manière de diriger un orchestre.

Le rôle du chef fascine car il est dans notre société l'une des très rares fonctions dirigeantes auxquelles les équipes paraissent obéir au doigt et à l'œil, ce qui, on en conviendra, est devenu rare ! Les chefs eux-mêmes ne sont pas forcément les mieux placés pour parler de leur art, et ce n'est d'ailleurs pas ce qu'on leur demande de faire. Écoutons cependant quelques chefs d'orchestre définir leur rôle.

Donner le ton

Un grand chef insiste sur le trinôme représenté sur l'intuition, étayée par la pensée, elle-même libérée par le cœur. En matière de direction d'orchestre, tout l'enjeu se résume à la clarté de ce que l'on veut transmettre. Toute imprécision se paie d'une incompréhension ; tout manque de générosité se traduit par une interprétation mécanique et sans âme. En outre, Mozart, Wagner, Ravel ne se jouent pas de la même façon : le chef doit trouver le « son juste » de l'orchestre en fonction de l'œuvre à servir ; transparence, clarté, densité et énergie sont alors les maîtres mots d'une bonne interprétation. Utiles leçons pour le manager qui doit trouver le bon équilibre entre le « grand souffle » de la stratégie et la « petite forme » de chaque détail. Dans un grand orchestre comme dans une petite formation, chacun doit écouter l'autre, savoir quand il doit intervenir.

Stimuler

Un autre chef qualifié amorce cette première approche :

« Notre rôle, c'est de savoir éveiller l'intérêt ; l'orchestre ne peut pas jouer s'il n'est pas en éveil, stimulé, motivé… Pour cela, il convient

de respecter l'identité de chacun, d'adapter son discours (par exemple, il existe des différences culturelles : l'attaque, le tempo diffèrent d'un orchestre à l'autre, d'un pays à l'autre). S'il est vrai que les orchestres comptent désormais des instrumentistes de diverses nationalités, chaque orchestre conserve une identité, surtout ceux de certains pays de l'Est qui restent très nationaux, mais de toute façon, un orchestre allemand ne sonne pas comme un orchestre français… C'est à nous de comprendre cela, puis d'entraîner l'orchestre dans la direction où on veut le conduire. »[1]

Autrement dit, le chef d'orchestre se doit de mettre ses musiciens à l'aise. Il fait progresser chacun, sans critiquer, en suggérant plus qu'en imposant. Il fait travailler séparément chaque pupitre, corrige les fausses notes et les erreurs de rythme, insiste sur le fait que chacun doit être à l'écoute des autres, chaque pupitre « prenant la parole » à tour de rôle. Chaque musicien est ainsi reconnu, en principe, dans sa dignité, quelle que soit la place qu'il occupe, quel que soit son rôle dans la partition. Les contrebassistes s'entendent moins bien que les violons ou les trompettes, mais ils sont les piliers sur lesquels prend appui l'édifice. Il faut donc équilibrer le son, car jouer « piano » pour des violons ou des bassons ne génère pas la même intensité sonore. Ce réglage fait, il faut encore soutenir les pupitres chargés de la mélodie et modérer ceux qui l'accompagnent. Il communique enfin son enthousiasme, donne de l'élan, de l'impulsion, sans perdre de vue sa vision de l'œuvre et le sens à lui donner.

Cette dimension « managériale » du rôle du chef est largement confirmée par cet autre témoignage :

« Quand on parle du métier de chef d'orchestre, on imagine aisément les connaissances musicales et techniques indispensables à l'exercice de cette fonction. Toutefois, un chef d'orchestre est avant tout un homme qui a, face à lui, d'autres hommes. La relation qu'il établit avec son orchestre repose essentiellement sur des rapports humains. L'optimisa-

---

1. Chef d'ochestre, entretien janvier 2007.

tion de ces rapports représente pour moi le premier enjeu de l'efficacité de son rôle de leader. Cela passe par la mise en valeur des compétences techniques et artistiques de ses musiciens, de son équipe, de son orchestre. C'est pourquoi une grande capacité d'écoute et la maîtrise de l'énergie humaine sont les premières qualités qu'un chef d'orchestre doit développer. On vit ainsi avec l'énergie qui, au-delà de toute technique cartésienne, unit les hommes dans une communication vraie et universelle. La musique nous a montré combien les voies de la communication sont basées sur la confiance en cette force, qui existe au fond de nous... Il me semble donc important de retenir cette idée fondamentale : l'Homme est sa propre ressource. Évidemment, la maîtrise du métier de chef d'orchestre ne saurait se construire simplement sur cette force instinctive que tout homme a en lui. À mes yeux pourtant, je le répète, l'apprentissage, les connaissances techniques et les diplômes ne sont là que pour compléter notre sensibilité à la base de notre talent. Sans cet instinct, cet amour, ce feeling, il ne peut y avoir ni vérité, ni beauté, et une médaille d'or du conservatoire sur un diplôme ne peut rien y changer. »[1]

Un autre chef amateur, cadre opérationnel en entreprise, tente de reconstituer ainsi son expérience, en insistant encore sur la dimension charismatique du rôle du chef, la technique étant supposée acquise :

« J'avais cette immense question en abordant la direction d'orchestre, je ne comprenais pas ce lien miraculeux, magique, qui existe entre un chef et l'orchestre... Je ne peux surtout pas dire que j'ai appris à diriger, mais j'ai appris l'essence de ce lien...Ce n'est pas rationnel, c'est le fait que le chef dégage une certaine aura, le simple fait qu'il soit là... Plus il existera lui-même, plus il sera là, plus il entraînera l'orchestre là où il veut l'amener... J'ai découvert ce fameux exemple où l'on voit Bernstein diriger une symphonie de Mahler : il bouge à peine, mais la moindre des mimiques de son visage ne dit pas "atten-

---

1. Philippe Fournier, cité dans *http://manag2000.cbcwebcom*

tion ce fa dièse doit être plus fort", mais il traduit l'impulsion générale dans laquelle il faut jouer ce mouvement... On se situe
totalement au niveau de l'aura, les connaissances musicales doivent
bien sûr être là au départ, sinon on ne peut pas avancer... Après, le
plus important, c'est comment les communiquer, parce qu'on peut
penser que n'importe lequel des musiciens de l'orchestre dispose quasiment d'autant de connaissances que le chef lui-même... Par contre,
il est important que le chef emmène l'orchestre où il veut... Alors
effectivement, il y a des codes en termes de posture, une façon de se
tenir qui soit connue des musiciens et qu'ils ressentent après. »*[1]

Le rôle musical du chef d'orchestre

Le rôle managérial du chef étant quelque peu précisé, parlons
maintenant de son rôle proprement musical, c'est-à-dire de la partition et de la façon de l'interpréter.

La partition : un document explicite

Plus encore que la partition du soliste, une partition musicale
d'orchestre est un document complexe[2] mais suffisamment explicite pour parvenir à obtenir d'un musicien une interprétation sans
équivoque. Les indications de nuance et de rythme y sont le plus
souvent rédigées en termes italiens universellement utilisés, du
moins en ce qui concerne la musique d'origine occidentale. C'est
par une lecture attentive et solitaire de la partition que le chef arrive
à en dégager les plans successifs qu'il devra ensuite communiquer à
l'orchestre. Certains s'aident des écrits laissés par les compositeurs,
relativement à l'exécution de leur œuvre (correspondance, indications) ; d'autres préfèrent s'en tenir à l'exégèse de la partition.

La notation musicale répond aussi à la question de la division du
temps, une unité de valeur, indiquée clairement sur chaque parti-

---

1. Laurent, entretien de janvier 2007.
2. Écrites sur cinq portées, les partitions d'orchestre utilisent *cinq* clefs différentes et sont
   d'une lecture difficile.

tion, permettant à chaque musicien de diviser le temps, en sachant toutefois qu'un mouvement *largo* se joue cinq fois moins vite qu'un mouvement joué *prestissimo*[1].

La force du geste

L'un des gestes du chef d'orchestre consiste à donner un repère visuel à l'orchestre, une horloge lui permettant de caler l'exécution, car lorsqu'on réunit de nombreux instrumentistes, le problème de la distance entre les différents musiciens se pose très vite, créant un retard acoustique. Les divers groupes d'instruments ne parviennent pas à s'entendre mutuellement, de sorte qu'un repère visuel devient nécessaire. Il est intéressant de remarquer que, tandis que le chef délègue l'exécution aux musiciens, ceux-ci délèguent en retour cette responsabilité de « gardien du temps » au chef d'orchestre pour pouvoir se concentrer sur leur rôle de musiciens d'orchestre.

De même, la nuance se rapporte à une notion d'intensité sonore relative à une échelle dont la valeur de référence est… le silence : on ne joue *fortissimo* que par rapport à ce « son zéro ». Un musicien jouant *pianissimo* doit se garder de penser que son rôle est proche de l'inutile, même s'il entend un vacarme étourdissant autour de lui. Le rôle du chef consiste à adoucir ce sentiment d'inutilité en rappelant au musicien que le fait de jouer *pianissimo* dans tel passage n'enlève rien à son importance sonore : « faire taire » les violons pour mieux entendre les « vents » ne revient pas à les rendre muets.

Le chef d'orchestre a en outre le devoir d'indiquer à chaque musicien ce qui n'est pas forcément indiqué dans la partition. Il doit les aider à interpréter au sens littéral du terme. Il utilise pour cela :

- Sa conviction personnelle, son expérience, sa mémoire, ses références, lesquelles détermineront son niveau d'exigence en matière de qualité de jeu, d'équilibre sonore, d'interprétation et de tempo.
- Son écoute privilégiée et centrale de l'orchestre.

---

1. *Largo* : 40 à 60 battements par minute. *Prestissimo* : plus de 200 battements par minute.

L'expérience

Ajoutons enfin que, si la technique de la direction d'orchestre s'apprend par la théorie, elle nécessite aussi beaucoup d'expérience. Pour un chef d'orchestre, la gestuelle, pourtant maintes fois décrite dans de nombreux ouvrages, diffère totalement d'un chef à l'autre ; elle se développe au contact des musiciens, en dirigeant le plus possible pour parfaire sa technique de travail musicale et développer sa conscience artistique.

La direction d'orchestre suppose la double maîtrise du temps et de l'interprétation : un orchestre doté d'une bonne réputation « sonne » mal s'il est mal dirigé. Au contraire, un orchestre de seconde catégorie peut se trouver exalté, voire transcendé par la présence d'un chef d'orchestre charismatique. L'art de diriger la musique implique une maîtrise dans l'art de diriger les hommes et les femmes qui l'interprètent. S'y ajoute, selon Raphaël Sanchez,

« Une conscience paisible des différentes composantes de cet outil vivant, ainsi que la maîtrise du langage physique exprimé par son propre corps, la technique de la direction d'orchestre, permettant à ces hommes et à ces femmes de comprendre, d'intérioriser et d'exécuter en parfaite synchronisation l'œuvre telle que le chef d'orchestre imagine dans sa conviction personnelle qu'elle doit être jouée. »[1]

Paroles de musiciens

À dire vrai, ceux qu'il serait utile d'écouter à ce propos sont bien les musiciens d'orchestre eux-mêmes, bien qu'on leur demande rarement leur avis sur le sujet. Dans un petit ouvrage plein d'humour, la violoncelliste anglaise Alice McVeigh[2] demande aux chefs d'orchestre de se taire et d'écouter les conseils bien sentis venus de la « base » : d'abord, assure-t-elle, les chefs sont gâtés, ils gagnent trop d'argent. Un chef réputé gagnerait, par concert, le quart de ce que gagne un musicien d'orchestre pendant une année.

---

1. Raphaël Sanchez, conférence ICAD, mai 2000.
2. Alice McVeigh, *All Risks Musical*, Pocket Press, 2002.

« Je ne peux pas m'expliquer pourquoi ceci est perçu comme subtilement injuste par les musiciens en question. Il y a des pleurs et des grincements de dents même quand le chef est un génie, mais comme il n'y a que trois génies par génération, l'irritation peut devenir extrême… L'auditeur moyen de concert n'a aucune idée du nombre de concerts sauvés par l'orchestre, ne serait-ce que pour préserver l'emploi des musiciens et la réputation du groupe… Certains des plus grands chefs — notamment ceux qui étaient solistes avant de devenir chefs — deviennent des armes fatales lorsqu'on les lâche devant un orchestre symphonique. »[1]

Quelques conseils pour managers avertis

Après ce préambule plutôt caustique, notre auteur distille quelques conseils plus concrets qui pourraient, *mutatis mutandis*, inspirer les méthodes de nos managers d'entreprises :

* Laisser les actions parler à sa place, en résistant à la tentation de disserter sur l'interprétation, même quand la presse est présente. Ne pas apparaître comme réservant systématiquement les critiques à l'arrière de l'orchestre et les bouquets de compliments à l'avant.
* Respecter les opinions des chefs de pupitre même quand elles sont opposées ; leur demander de temps en temps leur avis et même en tenir compte, ce qui peut être extrêmement gratifiant pour eux.
* Cultiver la relation avec ceux des membres de l'orchestre qui peuvent, en dépit de leur position modeste dans l'orchestre, apparaître plus influents du fait de leur forte personnalité.
* Ne jamais oublier de remercier l'orchestre après une prestation, bonne ou mauvaise.
* Ne pas être avare, en privé, de paroles de soutien en direction des chefs de pupitre.
* S'intéresser à la substance plus qu'au style : les orchestres ont un dégoût inné pour les postures démagogiques et vides de sens.

---

1. *Ibid.*

- Ne pas perdre ses nerfs, sauf pour défendre les intérêts des musiciens pendant une tournée.
- Ne pas comparer publiquement les orchestres entre eux, c'est désobligeant et cela finit par se savoir.
- Ne jamais licencier un musicien (à supposer que cela soit utile) avant de s'assurer le soutien unanime des autres musiciens.
- Ne pas montrer ses préférences à l'égard de tel ou tel musicien, l'agacement que cela provoque chez les autres étant toujours supérieur à la satisfaction immédiate obtenue du « favori » en question.

Le « bon » chef serait ainsi celui qui n'abuse jamais de la familiarité de comportement, évitant la perte de contrôle de soi, les conflits de pouvoir avec l'administration de l'orchestre et enfin l'arrogance, mère de tous les ennuis…

À partir de ces sages conseils, on pourrait se laisser tenter par la similitude entre les styles managériaux, par l'analogie entre la diversité d'un orchestre et ses différents instruments et la diversité complexe de l'entreprise, avec ses différents groupes à réunir, à fédérer, à animer. Le chef ferait-il, dès lors, le même métier que celui du chef d'entreprise ? On nous pardonnera cette réponse balancée : oui et non, réponse plus nuancée que les affirmations catégoriques généralement entendues à propos de « l'entreprise-orchestre ». Car si la métaphore ouvre un champ pour une exploitation sémantique et pratique, il convient d'avancer sur ce terrain mouvant avec circonspection.

Les attraits de la métaphore : les similitudes

Dirigeants d'orchestre et d'entreprise doivent tous les deux donner l'impulsion. Ils doivent ensuite savoir faire preuve d'autorité, être rigoureux et exigeants, et surtout essayer de faire passer un message. Mais cette fermeté doit être tempérée en laissant faire la régulation, en écoutant avant d'agir.

Donner l'impulsion

Dans tous les cas, le chef doit inciter ceux qui sont dirigés, musiciens ou collaborateurs, à jouer ensemble, au bon tempo. L'un de ses rôles essentiels est bien de donner l'impulsion, d'initier, d'amorcer, de dire en quelque sorte « Maintenant, commençons ! »

Isabelle, femme cadre et musicienne amateur, présente ainsi plusieurs similitudes entre l'entreprise et l'orchestre :

« Dans les deux cas, il faut avoir le sens du tempo, c'est au chef de donner le rythme. Pour cela, il faut que ce soit complètement intériorisé, que cela vienne de l'intérieur. »[1]

Manière de rappeler utilement que l'acte de diriger une entreprise est aussi un mouvement de l'intérieur vers l'extérieur.

Pierre, dirigeant et musicien d'orchestre, ajoute que le tempo est aussi affaire de compromis :

« Entreprise ou orchestre, il faut trouver le bon tempo. Mais on ne peut pas toujours aller aussi vite qu'on le souhaiterait, car la vitesse de l'ensemble est déterminée par la vitesse du plus lent ou du moins réactif, ce qui implique de mettre en œuvre des conduites de solidarité pour l'aider. »[2]

---

1. Isabelle, entretien de novembre 2006.
2. Pierre, entretien de février 2007.

Écoutons aussi Valérie, une jeune dirigeante d'entreprise dans le secteur « high tech », évoquer sa brève expérience de direction d'un orchestre amateur :

« Ce plongeon musical est merveilleux, surprenant, difficile et totalement nouveau. Il m'offre une vraie découverte d'un métier fascinant aux multiples facettes… Il existe une certaine similitude entre les deux rôles ; par exemple, dans les deux cas, il faut attaquer, donner l'impulsion, nul autre que le chef ne peut le faire… C'est un petit peu, si vous voulez, comme dans un accord naturel, il y a la note fondamentale, la note do par exemple qui définit l'accord de do majeur, puis toutes celles qui en découlent, qui se définissent par rapport à elle, le mi et le sol, les accords mineurs, augmentés, diminués, etc. Tous ces accords découlent de la note do… Ensuite, vous avez le contrôle du rapport de forces entre le chef et les instrumentistes, mais aussi entre les instrumentistes eux-mêmes… Cette dernière dimension est souvent ignorée du public qui perçoit l'orchestre comme un tout. Or, elle est très importante dans une formation, il ne faut pas que les uns prennent l'ascendant sur les autres, ce qui constitue une tentation permanente… chez tous. »[1]

Savoir faire preuve d'autorité

Le charisme

Dans tous les cas, le chef doit avant tout disposer d'une certaine autorité naturelle. Selon Isabelle, cadre et musicienne amateur pratiquant la direction d'orchestre,

« L'autorité, la présence, le charisme du chef sont indispensables. On doit tout de suite la percevoir, avant même de commencer à jouer… Il faut tout de suite se rendre compte si la personne va pouvoir s'imposer. »[2]

---

1. Valérie a vécu plusieurs expériences de création et de développement d'entreprises. Associée dans une entreprise de services, elle est musicienne amateur.
2. Isabelle a passé l'essentiel de sa carrière dans un groupe multinational ; elle a ensuite créé son propre cabinet de conseil. Elle est pianiste et chante dans un chœur. Elle pratique de façon occasionnelle la direction d'orchestre.

Son sentiment se trouve confirmé par les points de vue de musiciens d'orchestre qui « voient » très rapidement si le chef va s'imposer, auquel cas ils devront le suivre et non pas « en faire à leur tête ».

Gérard, administrateur général d'un orchestre symphonique, confirme que tout se « joue » très vite en matière d'autorité :

« Pour que ça marche, il faut que les musiciens soient conquis... Il y a trois semaines, nous avons eu à faire face au remplacement du chef qui était tombé malade deux jours avant la répétition... J'ai fait venir un jeune type qui m'avait semblé intéressant... Je n'étais pas sûr de mon coup ; le type arrive, cheveux longs, barbu, en baskets. Il arrive en scène, je le présente à l'orchestre qui se dit qu'il va être dévoré en trois minutes... Il a pris la baguette, et cinq minutes après on n'entendait plus une mouche voler... En deux répétitions, ça a été formidable... Il avait le charisme, c'était un artiste... Il y arrivait sans « serrer » l'orchestre... Il avait vingt-neuf ans et il en faisait quatorze. »[1]

Marc est tout aussi catégorique, affirmant que l'orchestre « jauge » le chef dès son entrée dans la salle, dans sa façon de le saluer, de monter à son pupitre. Point d'arrogance dans son attitude, mais la certitude que personne ne s'avisera de contester son geste.

Inversement, un chef qui ne s'imposerait pas peut se retrouver « embarqué » par un orchestre qui refuserait de le suivre. Rappelons que les musiciens ont le plus souvent beaucoup d'expérience, beaucoup d'exigence aussi vis-à-vis de celui qui les dirige. En conséquence, la coopération qu'obtient un chef des musiciens découle de son talent plus que de son statut. Il se doit d'être ferme et courtois, de ne pas tomber dans les excès de la familiarité, de montrer qu'il en sait « plus » que les musiciens et d'apporter une conception de l'œuvre qui lui soit propre. Un chef d'orchestre condescendant, vaniteux et de surcroît peu fiable techniquement n'a pas grande chance d'être aimé des musiciens.

---

1. Gérard, entretien de janvier 2007.

Si, au contraire, souligne Raphaël Sanchez,

« il fait preuve d'une grande écoute, d'une vision passionnée de l'œuvre qu'il dirige, s'il accepte la critique, s'il ne cherche pas l'autorité à tout prix, il donnera volontiers aux musiciens une image séduisante et réussira peu à peu à se faire aimer des membres de l'orchestre. Alors la collaboration peut commencer, mais l'orchestre attendra de lui qu'il progresse, sans quoi une lassitude pourrait s'installer qui empêcherait toute évolution de cette relation et qui réduirait irrémédiablement ces efforts à néant ».[1]

Le style

Faire preuve d'autorité, c'est aussi imposer son style. Il est vrai qu'il y a autant de styles que de chefs, même si en cherchant bien on peut retrouver des similitudes entre certains d'entre eux, et même parler d'« écoles », comme chez les peintres. Le style d'un chef repose sur sa vision de la musique et de ce qu'il souhaite exprimer à travers elle. Mais quoiqu'on y fasse, il repose aussi sur son physique, son ascendant, sa gestuelle et son autorité naturelle.

Certains chefs sont romantiques et cherchent visiblement à communiquer aux musiciens l'essence musicale de l'œuvre avec une grande émotion ; d'autres sont férus de rigueur et gardent le tempo parfait avec une impressionnante constance.

Comment ne pas appliquer au chef d'orchestre le fameux dilemme « esprit de géométrie, esprit de finesse » de Blaise Pascal ?

« Ce qui fait donc que de certains esprits fins ne sont pas géomètres, c'est qu'ils ne peuvent du tout se tourner vers les principes de géométrie ; mais ce qui fait que des géomètres ne sont pas fins, c'est qu'ils ne voient pas ce qui est devant eux et qu'étant accoutumés aux principes nets et grossiers de la géométrie, et à ne raisonner qu'après avoir bien vu et manié leurs principes, ils se perdent dans les choses de finesse où les principes ne se laissent pas ainsi manier. On les voit à peine, on les

---

1. *Op. cit.*

sent plutôt qu'on ne les voit ; on a des peines infinies à les faire sentir à ceux qui ne les sentent pas d'eux-mêmes ; ce sont des choses tellement délicates, et si nombreuses, qu'il faut un sens bien délicat et bien net pour les sentir, et juger droit et juste selon ce sentiment, sans pouvoir le plus souvent les démontrer par ordre comme en géométrie... Il faut tout d'un coup voir la chose d'un seul regard, et non par progrès de raisonnement, au moins jusqu'à un certain degré. »[1]

Puissent ceux qui dirigent de façon uniquement rationnelle relire souvent cet admirable texte pour apprendre, sans renier la rigueur, à sentir, entendre et voir « ces choses tellement délicates et si nombreuses » dont nous parle Blaise Pascal et qui, dans l'orchestre comme dans l'entreprise, touchent en particulier à l'art de comprendre et de mener les personnes.

Puissent ceux qui dirigent en visionnaires prendre le temps et avoir la patience de vérifier leurs intuitions en sachant les adosser aux principes de la logique et au sens du raisonnable. Leur hardiesse y gagnerait en prudence. Car si l'esprit de finesse a trop longtemps fait défaut dans nos entreprises, il ne faudrait pas que par un coup de barre malencontreux l'on perde de vue les bienfaits du nécessaire esprit de géométrie et de son apport indispensable aux techniques scientifiques et de management.

Seuls les très grands chefs possèdent le bon équilibre entre esprit de géométrie et esprit de finesse. Les deux « esprits » doivent se travailler, même si dans le cas de l'esprit de finesse, autre façon de désigner l'intuition, l'empathie et l'aptitude à convaincre, la condition est nécessaire mais jamais suffisante. Autrement dit, en matière d'intuition, celui qui cherche à avoir une idée neuve ne trouve pas forcément, alors que celui qui ne cherche pas, ou du moins laisse flâner son esprit en essayant de rapprocher des notions *a priori* éloignées les unes des autres, peut trouver par hasard. L'esprit de géométrie se travaille à la force de la pensée ; l'esprit de

---

1. Blaise Pascal, *Pensées*, Garnier Flammarion, 1976.

finesse se travaille par cette sorte de flânerie mentale qu'on appelle le « relâchement ».

Au-delà des répétitions, l'important pour le chef est de s'imposer le jour du concert : ce jour-là, il ne s'agit plus de répéter, mais de jouer en vraie grandeur. Le chef n'ayant plus la possibilité d'arrêter l'orchestre, tout repose alors sur la confiance.

Développer l'esprit collectif

S'il est un trait qui rapproche le monde de l'orchestre de celui de l'entreprise, c'est bien celui-ci : comment développer l'esprit de groupe ? Nombre de musiciens managers soulignent que la pratique collective de la musique leur permet de développer l'esprit de groupe par la mise en œuvre d'attitudes simultanées de coopération et d'humilité. Elle leur apprend à s'accorder, à écouter, à respecter la diversité et l'apport de chacun des instrumentistes.

Cela dit, il faut se garder de percevoir l'orchestre comme un monde spontanément uni *a priori*. De ce point de vue, le rôle et les attitudes du manager d'orchestre, protagoniste situé aux côtés du directeur musical (appellation souvent donnée au chef permanent, par opposition aux chefs invités), semble primordial, à condition toutefois pour le manager en question d'accorder une très grande importance à la proximité :

« Il faut procéder directement avec les musiciens… Pour un musicien, si vous n'êtes pas assis sur la chaise à côté d'eux, même si vous êtes vous-même musicien (et impliqué dans les choix artistiques), vous n'êtes pas des leurs… vous êtes de l'autre côté de la barrière… vous faites partie d'un autre monde, sinon c'est extraordinairement difficile… La seule solution c'est en même temps d'être ferme et d'être extrêmement attentif à tout… On ne peut pas comprendre ce métier quand on ne le fait pas… Il faut être là tout le temps… J'arrive à mon bureau à huit heures le matin et je repars à vingt-trois heures trente le soir. Je vais donc voir directement les musiciens, je m'adresse directement à eux sans passer par les délégués de l'orchestre. Quand j'ai des choses importantes

à leur dire, je prends moi-même la parole au pupitre… C'est extraordinairement difficile mais c'est la seule manière de faire avancer les choses… Il faut leur parler directement, leur imposer des choses qui soient indiscutables ; je ne parle même pas du domaine artistique, mais par exemple le fait d'entrer en scène correctement… Ils me disaient : nous on est là pour faire de la musique, on arrive et on s'en va, c'est tout… je leur ai dit non ! J'ai été amené à leur faire répéter l'entrée en scène… l'entrée en scène, c'est un spectacle… » [1]

Un jugement confirmé par Marc, directeur d'un orchestre régional : la cohésion s'obtient à marche forcée car les contraintes du monde musical, monde en représentation, sont plus nombreuses dans une formation musicale (concentration, présentation, cohésion) que dans une entreprise, où une certaine souplesse peut le plus souvent être admise. En outre, l'esprit de groupe ne manque pas de se développer très spontanément s'agissant des intérêts et droits sociaux, car selon Gérard, « autant ils ne savent pas jouer collectif, autant si on attaque le moindre d'entre eux, c'est un peu comme un porc-épic qui se dresserait ».

Laisser faire la régulation plutôt que d'imposer la règle

Diriger un orchestre, c'est d'abord diriger un groupe d'hommes et de femmes. Un musicien d'orchestre est avant tout un être humain attentif à ses devoirs mais aussi à ses droits. Gare au chef qui, débordant d'énergie, pris dans l'élan d'une répétition, oublierait une pause syndicale !

Les devoirs du chef d'orchestre

Les usages comportementaux souvent suivis dans l'entreprise sont aussi applicables à une formation musicale : par exemple, il faut éviter d'humilier publiquement un musicien qui par inattention se

---

1. Gérard, entretien de janvier 2007.

trompe. Si à la relecture du passage l'erreur se répète, on doit faire preuve de patience, et si cela ne suffit pas, il faut agir avec tact et mesure en :

- S'adressant au groupe plutôt qu'à l'individu concerné : si un clarinettiste commet une faute, la remarque du chef « Messieurs les flûtistes, à la mesure 165, pourriez-vous vérifier l'accord ? »[1] suffira à montrer avec précision que la faute a été entendue et cernée. Le groupe des clarinettistes indiquera discrètement au musicien en question son erreur sans qu'il soit besoin de le montrer du doigt. Il n'aura pas perdu la face ; quant au groupe de musiciens mis en défaut, il ne pourra que louer ce chef d'orchestre « qui entend tout ! ».
- Utilisant la litote : si les violons tendent à jouer trop fort au détriment des violoncelles, le chef d'orchestre n'ira pas dire aux violons «Vous avez joué trop fort », mais utilisera à leur intention un langage plus codé et plus interrogatif : « Avez-vous bien entendu les violoncelles ? » Les violons comprendront alors le message sans être heurtés…

L'autre dimension de la régulation est la considération accordée à tous :

« Il faut savoir laisser le groupe se réguler, on ne peut pas tout diriger. Pour atteindre ce but, la régulation commence par le respect, le respect de tous. Dans un orchestre, même le triangle[2] est important ; dans l'entreprise aussi, chaque collaborateur est important… »[3]

Ainsi s'établit le respect envers le chef d'orchestre et les musiciens, lesquels jouent d'autant mieux lorsqu'ils sont écoutés. Encore faut-il que le chef d'orchestre ait au préalable bâti dans son imagination

---

1. Exemple cité par Raphaël Sanchez.
2. Instrument à percussion de la famille des « métaux », fait d'une lame d'acier repliée en forme de triangle isocèle, presque équilatéral. On en « joue » avec une sorte de batte frappant la base de haut en bas. Le son émis, aigu et mince, émerge de la masse orchestrale au moment opportun. Le triangle est souvent cité comme l'archétype de l'instrument « humble » auquel personne ne prête attention.
3. Valérie, voir *supra*.

l'architecture de l'œuvre, édifié une conscience solide du rôle de chaque instrument à chaque instant, et qu'il maîtrise parfaitement la technique et la gestuelle qui lui permettront de transmettre ses désirs à l'orchestre. Mais ce n'est pas tout : il lui faut trouver son style…

Les devoirs des musiciens

Dans les orchestres existe en outre une certaine conscience professionnelle ; ici, les musiciens fournissent, sauf exception, un travail plutôt consciencieux d'étude des partitions avant les répétitions. Les cas d'indiscipline ou de manquement grave à l'éthique (un musicien qui produirait un certificat de maladie de complaisance, alors qu'il est prouvé qu'il donne un concert ailleurs) sont tout de même rares. Rares aussi sont les manquements d'égards d'un musicien à envers un chef lors d'une répétition. Même chef de pupitre, même excellent musicien, le fautif est alors sanctionné.

Hormis ces cas limites, mieux vaut par conséquent laisser le groupe se réguler, précepte qui vaut aussi pour les entreprises.

Écouter avant d'agir

La capacité d'écoute

Diriger un orchestre, ce n'est pas douteux, permet en tout cas de développer l'intelligence émotionnelle et l'écoute :

« Dans un orchestre, il faut tout écouter, tous les instruments, quelle que soit leur importance… Avant de diriger un orchestre, je n'écoutais que les violons, les instruments les plus aigus, et les percussions, qui donnent le rythme. Maintenant, quand j'écoute de la musique, j'ai la partition d'orchestre avec moi, et j'essaie d'écouter tous les instruments… Dans l'entreprise, c'est pareil, il faut essayer d'écouter tout le monde, ceux qui parlent fort, les commerciaux par exemple, mais aussi les autres, qui sont plus discrets mais qui ont aussi des choses à dire… »[1]

---

1. Isabelle, entretien de novembre 2006.

Et Alain Pâris, chef d'orchestre[1], de confirmer que le travail d'orchestre doit écouter en profondeur la formation qui joue, ne pas dicter tout de suite ses choix ou sa manière de faire : il convient que le musicien soit d'abord à l'aise et le laisser faire les choses telles qu'il les sent, laisser émerger une personnalité collective avant d'imposer sa propre vision des choses. Ceci est d'autant plus important que la différence d'approche d'un chef à l'autre peut être sensible et que les fluctuations de style selon les écoles sont parfois importantes. Il suffit d'écouter une grande œuvre, par exemple la *Symphonie n° 4* de Brahms, pour noter de grandes différences entre une interprétation sobre et régulière telle que celles que prisait Bruno Walter, et une autre plus sombre et plus expressive, conforme au style de Herbert von Karajan ; telle autre encore sera plus rapide, enlevée, affirmée.

Savoir imposer son style avec tact

Si chaque chef se doit de posséder « son » style, il l'impose progressivement, sans heurter l'identité de l'orchestre, ce qui suppose de sa part une écoute et une « prise en main » pleine de tact et de fermeté. L'un privilégiera le rythme, l'autre l'expression ; du coup, l'attaque et le timbre ne seront pas les mêmes. L'un demandera plus aux « vents », l'autre davantage aux « cordes », de même qu'il faudra trouver la bonne manière de leur demander de mettre plus ou moins de vibrato dans leur jeu, tous les chefs n'ayant pas le même avis sur cette question.

En outre, souligne en substance Alain Pâris, si l'orchestre a connu un renouvellement de son effectif assez important au cours des années récentes, avec l'arrivée de jeunes instrumentistes de talent mais moins expérimentés dans la pratique collective que leurs aînés, le manque d'expérience de certains devra alors être compensé par un travail plus approfondi que nécessaire en d'autres circonstances, afin de découvrir les dessous d'une œuvre généralement considérés

---

1. Alain Pâris, émission « travail d'orchestre » de France Musique, 5 décembre 2006. Alain Pâris a dirigé une soixantaine d'orchestres différents dans plus de vingt pays.

comme connus et assimilés. La recherche du son juste, du style juste et d'une approche dans laquelle chacun puisse se sentir à l'aise constituent le secret de ce travail à long terme.

Et dans l'entreprise ?

Il en va de même dans l'entreprise : il faut d'abord sentir les choses, laisser se mettre en place les relations au sein des équipes, surtout lorsqu'elles sont de constitution récente et doivent trouver leur *modus operandi*. Par exemple, si deux groupes industriels fusionnent, il ne s'agit pas de mettre en place en toute hâte des règles au sein des équipes, mais d'abord de les écouter, d'observer qui sont les protagonistes en présence dans une équipe de direction nouvellement formée, d'où ils viennent et comment ils se régulent avant « d'entrer dans le jeu » de façon plus directive et de donner des orientations.

Définir une stratégie et une structure par métiers peut aller relativement vite, surtout avec l'aide de consultants chevronnés. Mais toute mise en mouvement ne peut se faire que lentement. À un moment bien choisi, cette période itérative doit toutefois prendre fin et le dirigeant doit clairement définir le nouveau cap. Écoutons par exemple ce dirigeant d'un grand groupe bancaire récemment fusionné :

« La nouvelle structure est maintenant définie. Demain, j'organise un séminaire de direction avec la nouvelle équipe composée de tous les patrons de métiers et les représentants des directions fonctionnelles. Je me donne deux à trois mois pour comprendre comment cela va fonctionner et pour réinventer un modèle relationnel cohérent. Mais il faut d'abord que je découvre ces gens-là, que je comprenne comment ils font leur métier... Pour moi, il s'agit d'un prérequis indispensable. Chacun doit trouver sa place. Après, dans deux ou trois mois, je serai sans doute plus directif, il faudra vraiment définir des principes d'action communs... »[1]

---

1. Dirigeant d'un pôle d'activité au sein d'un groupe bancaire. Entretien de septembre 2006.

Écouter avant d'agir, c'est aussi connaître la partition de tous les musiciens, ce qui s'applique également à l'entreprise :

« Ce qui est très vrai, c'est qu'un bon dirigeant doit connaître la "partition" de l'ensemble des fonctions de l'entreprise ; je suis très convaincu de cela... Le dirigeant américain qui dit pendant le scandale Enron "je ne suis pas un comptable", c'est se moquer du monde, un peu comme un chef d'orchestre qui dirait "le troisième violon, je ne sais pas ce qu'il joue et je ne veux pas le savoir"... Quand on est un patron, on doit connaître, en tout cas s'intéresser à la partition des gens qui sont là et qui tous les jours viennent travailler... C'est quelque chose que j'ai mis en place avec les gens qui travaillent avec moi, je veux connaître leur métier pour pouvoir leur parler, pour pouvoir les aider... Rien ne m'énerve plus que quand un patron de département comptable me dit : "Tel logiciel, je ne sais pas comment ça marche". »[1]

Être rigoureux et exigeant

La musique, on le sait, est une école de rigueur. L'instrumentiste doit travailler sa technique, polir son interprétation et maîtriser ses émotions en gardant la bonne mesure. Le chef d'orchestre est d'ailleurs là pour la faire respecter, et il n'apprécie pas que les musiciens battent du pied à sa place sans le regarder ou qu'ils ne s'écoutent pas les uns les autres.

Du début à la fin, il faut de la rigueur. Cette rigueur, cette exigence immédiate de la musique, dont l'exécution demande un résultat immédiat, fait de la pratique musicale une excellente école. Tentant le rapprochement avec l'entreprise, Chantal formule les choses ainsi :

« Faire de la musique demande qu'on soit exigeant, et dans l'entreprise, cela me rend exigeante avec les gens... Il faut que les choses soient faites tout de suite ; souvent on remet les choses à plus tard, puis au fil de l'eau, les choses ont tendance à s'émécher. Dans un

---

1. Michel, entretien de janvier 2007.

*orchestre, la mesure, on la joue tout de suite, il faut un résultat ins-
tantané, après c'est trop tard. »*[1]

Isabelle nous fait d'ailleurs remarquer :

*« Est-ce par hasard que la pratique de la musique soit aussi répandue
chez les polytechniciens ? Quand vous regardez l'annuaire de l'X,
vous vous apercevez que c'est très fréquemment le cas. »*[2]

Faire passer un message

Le chef d'orchestre doit faire en sorte d'être compris et suivi par
tous. Dirigeants d'orchestre et d'entreprise doivent s'efforcer de
faire passer un message, message musical ou managérial selon les
cas, interprétation dans les deux cas.

Ainsi, le concert, pour ceux des musiciens possédant une double
pratique de l'orchestre et de l'entreprise, ou sa préfiguration que
constitue la répétition, « fonctionne » comme une réunion au
cours de laquelle il est important que chacun s'exprime, le chef
n'étant pas au-dessus des participants mais à leurs côtés, les aidant à
puiser le meilleur au fond d'eux-mêmes :

*« Les qualités qu'on demande à celui qui anime une réunion sont les
mêmes que celles qu'on demande à un chef d'orchestre ; a priori,
dans une réunion, vous avez des gens de même niveau ; l'idée est de
les emmener vers la solution qu'on pense être la meilleure, et les éléments qui font que ce sera votre cause qui sera entendue et non pas
celle des autres personnes présentes ne situent pas forcément au
niveau du rationnel ; ce sont les qualités personnelles d'empathie,
d'enthousiasme qu'on arrive à générer. C'est ce qui permet de faire
passer son mot. Pour moi, le concert, c'est une réunion de travail, on
se retrouve avec des* alter ego *la plupart du temps, des gens avec des
parcours divers, certes, mais avec des gens du même cercle… »*[3]

---

1. Chantal, entretien de novembre 2006.
2. Isabelle, entretien de novembre 2006.
3. Laurent, entretien de janvier 2007.

Les limites de la métaphore

La plus belle fille du monde ne peut donner que ce qu'elle a : le problème posé par les métaphores tient en ceci qu'elles ont leurs limites. Elles peuvent même devenir abusives et quelque peu envahissantes. Nous avons déjà mis en garde contre les effets réducteurs de tels abus[1]. Le recours à la métaphore peut s'avérer illusoire, car il n'a jamais apporté la preuve d'une explication ; de surcroît, la recherche systématique de l'image frappe plus par sa dimension de fuite éperdue en avant qu'elle ne séduit par son impact réellement créatif : le dirigeant n'est ni un chef d'orchestre, ni un général d'armée, ni un marin de haute mer, ni un entraîneur d'équipe de football. Il est d'abord et reste, tout simplement, un dirigeant.

Une prise de risques toute différente

L'orchestre et l'entreprise constituent deux univers distincts du point de vue de la prise de risques. Celle-ci est constante, publique et destructrice dans une formation musicale : un « couac » s'entend immédiatement et de manière irréversible ; l'erreur faite, on ne peut qu'enchaîner, mais le critique ne manquera pas de le noter, même si par ailleurs l'interprétation a été excellente. Aucun instrumentiste n'est à l'abri d'une erreur : une mesure « avalée », une note à la place d'une autre, tel est le lot commun des musiciens, y compris des plus grands solistes. L'erreur est humaine. Marc, directeur d'un grand orchestre régional, rapporte l'anecdote selon laquelle Bernard Shaw aurait demandé au jeune violoniste prodige Jasha Heifetz de faire au moins une fausse note par jour, afin de ne pas mettre les dieux en colère !

À l'inverse, dans l'entreprise, l'erreur peut se rattraper par la régulation et la réactivité, sous la réserve qu'elle soit détectée et corrigée à temps.

---

1. Voir notre ouvrage *Huit qualités pour diriger autrement*, Éditions d'Organisation, 2006.

La complexité des processus

Ajoutons une autre limite de l'exercice. De toute évidence, l'entreprise n'est pas un orchestre, entité rassemblée en un même lieu, située dans le même temps, jouant sous l'autorité d'un chef omnipotent. La métaphore de l'orchestre, si elle constitue un mirage séduisant avec son chef, son découpage en pupitres inter-dépendants et sa partition reste toutefois impropre à restituer la diversité, la complexité des processus liés à la dispersion des sites, la délégation des responsabilités, l'initiative nécessaire de chacun, etc. Il est d'ailleurs piquant de constater, comme le raconte avec humour un chef d'orchestre, que la métaphore souvent utilisée par les orchestres est celle... de l'entreprise !

« Nous autres, nous aurions plutôt tendance à aller chercher nos images du côté de l'entreprise et à définir l'orchestre comme une PME du secteur des services, car dans un orchestre il y a ce qui se voit et s'écoute sur une scène, et puis vous avez tout ce qui est derrière, dans la coulisse : l'administration qui s'occupe des contrats, des tournées et de tout le reste, le régisseur qui doit faire en sorte que la répétition commence à l'heure dite, avec les bonnes partitions posées sur les pupitres, les instruments nécessaires disposés au bon emplacement, le répétiteur qui fait travailler les pupitres, etc. C'est cela un orchestre, une entreprise avec ses rouages, ses plannings, ses horaires. »[1]

Le directeur d'un autre orchestre tente de décrire ainsi la réalité composite de l'orchestre :

« Un orchestre doit être une vraie entreprise mais ce n'est pas pour autant qu'il en est une, c'est-à-dire que cela doit être géré comme une entreprise avec un souci économique, un souci évidemment artistique, un souci de management, une dimension sociale, c'est une vraie entre-prise... Aujourd'hui, compte tenu de ce que sont devenues les relations humaines, il est extraordinairement difficile de manager un orchestre ; il faut avoir la rigueur sur le plan budgétaire, sur le plan disciplinaire ;

---

1. Chef d'orchestre, entretien de novembre 2006.

un orchestre non discipliné, ce n'est plus un orchestre, et en même temps, vous avez affaire à des artistes qui par essence sont totalement égotiques et rebelles à toute discipline, quelle qu'elle soit. »[1]

D'autres chefs partagent ce point de vue : selon eux, l'orchestre n'est pas une entreprise comme les autres. Les notions de clientèle, de rentabilité y ont certes de l'importance, mais tous les chefs d'orchestre n'ont pas la même sensibilité sur ces sujets.

Chef d'orchestre et chef d'entreprise : les grandes distinctions

Nul mieux que le grand romancier Elias Canetti n'a défini le rôle du chef d'orchestre, du moins tel qu'il prévalait à son époque. Dans un texte mémorable, auquel se réfèrent parfois les représentants du monde musical, l'écrivain présente les choses ainsi :

« Pendant l'exécution, le chef d'orchestre sert de guide à la foule dans la salle. Mais au lieu de partir du pied, c'est de la main. Le cheminement à l'intérieur de la musique qui est l'œuvre de sa main tient lieu de la route sur laquelle ses jambes le porteraient en avant. Il entraîne la troupe entassée dans la salle. Son regard, aussi intense que possible, embrasse tout l'orchestre. Chacun s'y sent vu par lui, mais plus encore entendu. Les voix des instruments sont les opinions et les convictions auxquelles il accorde une attention extrême. Il est omniscient, car tandis que les musiciens n'ont devant eux que leur partie, il a toute la partition en tête ou sur son pupitre. Il sait exactement ce qui est permis à chacun à chaque instant. De les tenir tous ensemble sous sa surveillance lui confère le prestige de l'omniprésence. Il est pour ainsi dire dans la tête de chacun. Il sait ce que chacun doit faire, il sait aussi ce que chacun fait. Recueil vivant des lois, il règne à la fois sur les deux côtés du monde moral. Par le commandement de sa main, il indique ce qui se fait et il empêche ce qui ne doit pas

---

1. Gérard, entretien de janvier 2007.

se faire. Son oreille explore l'air en quête de ce qui est défendu. Pour l'orchestre, son chef représente bien l'œuvre tout entière dans sa simultanéité et sa succession, et comme pendant l'exécution le monde doit se résumer tout entier dans l'œuvre, c'est lui qui, pendant ce temps, est le maître du monde. »[1]

Debout, le chef tourne le dos au public et pourtant le commande comme il commande l'orchestre. Cette vision très absolutiste et intransigeante du rôle du chef d'orchestre est-elle transposable au chef d'entreprise ? Tandis que ce dernier écoute, demande des avis, interroge, le chef d'orchestre avance seul, affirme, impose.

Laurent, dirigeant versé à titre amateur dans la direction d'orchestre, évoque avec prudence cette comparaison :

« La métaphore est assez limitée. Le plus intéressant n'est pas d'avoir un chef d'orchestre-chef d'entreprise avec autour des musiciens-exécutants… Le plus important c'est que chacun dans son domaine emmène les autres vers un univers qui est le sien… Là, on n'est pas dans le rationnel, dans les rapports de force, les rapports de hiérarchie. L'orchestre actuel vient du XIXe siècle. Le vrai parallèle c'est l'animation. Un concert s'anime comme une réunion, sauf que dans une réunion on n'est pas forcément, et même rarement dans un rapport hiérarchique. »[2]

Aujourd'hui, les chefs d'orchestre eux-mêmes rencontrent des difficultés avec le modèle d'autorité pour le moins hiérarchique décrit par Elias Canetti, car ils se heurtent à de nouvelles attentes, décalées en comparaison de ce que l'on observe dans les entreprises depuis vingt ans, ce que s'empresse de préciser à juste titre ce directeur musical d'un grand orchestre :

« Hormis deux ou trois chefs dans le monde qui peuvent encore se comporter comme cela, plus aucun chef ne peut faire cela, sinon, au

---

1. Elias Canetti, *Masse et puissance*, Gallimard.
2. Laurent, entretien de janvier 2007.

bout de cinq minutes, l'orchestre le jette, donc il y a un rapport de forces considérable qui se crée dans les cinq premières minutes, que l'orchestre connaisse ou ne connaisse pas le chef... donc j'assiste aux cinq premières minutes de la répétition, parce que je sais comment ça va se passer... Ça tient à son autorité naturelle, à sa capacité à faire de la musique, à être musicien... Être chef d'orchestre c'est une chose, être un artiste en est une autre, donc l'idée que le chef d'orchestre puisse être une sorte de manager me semble complètement fausse. »[1]

Ce même directeur général d'un grand orchestre nous présente les choses ainsi en montrant toutefois la difficulté à diriger un orchestre comme on le faisait autrefois :

« Un orchestre est un groupe humain qui collectivement obéit au sens propre du terme au chef d'orchestre ; c'est l'inverse du management d'entreprise, en tout cas de l'entreprise d'aujourd'hui, pas celle du XIXe siècle, où l'on pratiquait le management de droit divin... Aujourd'hui, on n'est plus du tout dans cette optique-là, donc l'idée qui consiste à dire "l'entreprise c'est comme un orchestre parce qu'il y a un chef d'orchestre qui, comme un chef d'entreprise, met tout le monde d'accord pour que l'harmonie se dégage, etc." est une idée totalement fausse car le chef d'orchestre ne met pas tout le monde d'accord, il impose aux uns et aux autres sa conception de l'œuvre, et si les musiciens ne sont pas d'accord, ils faut qu'ils suivent. »[2]

Quoi qu'il en soit du bonheur de cette quête de symboles orchestraux, essayons de garder raison et de formuler quelques réserves sur le parallélisme des univers.

Interpréter

Certains chefs se veulent « au centre » et montrent clairement au public qu'ils sont les « patrons » ; d'autres, au contraire, semblent

---

1. Gérard, entretien de janvier 2007.
2. *Ibid.*

s'effacer pour laisser s'exprimer les musiciens. Quand les uns font de grands gestes comme s'ils voulaient pétrir la pâte sonore, les autres transmettent leurs intentions avec parcimonie et parfois arrêtent tout mouvement comme s'ils voulaient écouter l'orchestre jouer tout seul. Tout dépend de l'approche qu'a un chef d'orchestre de son propre rôle : certains, ceux-là mêmes qui se posent en dirigeants incontestés, se veulent les maîtres confirmés du tempo parfait ; d'autres, plus souples, sont d'abord animés par le désir de faire ressortir d'une œuvre son essence musicale.

En définitive, comme le confie Laurent, chef amateur, aucune interprétation ne ressemble à aucune autre, et aucune explication rationnelle ne peut convaincre des différences entre deux interprétations :

« Il y a trente-cinq ans sont sorties en même temps deux versions de la Symphonie de César Franck… L'une m'a énormément marqué, celle de Carlo Maria Giulini, et je me souviens de la page de publicité d'une revue musicale de l'époque et qui disait : "Passez une heure entre ciel et terre." Rien de rationnel ne permet d'expliquer comment passer une heure entre ciel et terre… »[1]

Un autre parallèle approprié est tenté par Isabelle à partir de la notion de partition : c'est celui des procédures dans l'entreprise, autrement dit de la règle (parallèle distinct de celui esquissé dans le chapitre précédent avec la stratégie de l'entreprise ou l'étude de son marché) :

« Dans les deux cas, il existe une partition. Dans une entreprise (c'est vrai que je connais surtout les grandes entreprises), la partition, c'est l'ensemble des procédures, le qui fait quoi comment, etc. Mais il faut parfois s'affranchir de la partition quand elle est trop écrite, sinon il peut y avoir des moments très difficiles, autrement dit, il faut interpréter. »[2]

---

1. Laurent, entretien de janvier 2006.
2. Isabelle, entretien de novembre 2006.

Interpréter, c'est disposer d'une marge de manœuvre, d'un degré de liberté, mais lequel au juste ? Quand la partition d'orchestre indique « un peu moins vite », comment faut-il comprendre ce « un peu moins » ? Question difficile à laquelle fait écho celle de Chantal qui connaît bien l'univers des PME :

« Dans mon métier, c'est à moi d'inventer, d'innover, de susciter l'innovation… Quand j'arrive un matin fatiguée, c'est tout le travail collectif qui s'en ressent, parce que je n'ai pas été en mesure de faire avancer les choses. »[1]

Autre éternelle et lancinante question : comment équilibrer les pupitres ? Comment travailler cette couleur sonore qui fait qu'une exécution ne ressemble à aucune autre ?

« Dans un passage donné, il peut y avoir les cors, mais derrière les cors, il y a les bassons, les hautbois, les clarinettes, les flûtes… Comment réaliser une balance adéquate entre tous ces instruments et les instrumentistes qui sont sur le devant de la scène ? D'une école à l'autre, d'un chef à l'autre, d'une acoustique à l'autre, d'une époque à l'autre, tout ceci donne lieu à beaucoup de variantes… »[2]

Il y a là matière à réflexion, dans la mesure où le dirigeant d'entreprise doit lui aussi trouver le bon équilibre entre ces divers « pupitres » que sont les départements et les services. Ensemble, la production, la qualité, le marketing doivent interpréter la même partition, sans qu'aucune entité ne maltraite l'autre, ne prenne l'ascendant sur elle. Et le management du comité de direction demande lui aussi un bon réglage, faute de quoi il se met à rendre des sons cacophoniques ! *A fortiori* dans l'entreprise, où il y a cent et une façons d'interpréter la « partition » managériale, au-delà des plans d'activités, des budgets, des procédures. Le dirigeant interprète la partition du management à côté des collaborateurs-musiciens, chacun à son pupitre plus qu'au-dessus d'eux, en les

---

1. Chantal, entretien de novembre 2006.
2. Chef d'orchestre, entretien de novembre 2006.

surplombant. Tous mettent en pratique et en mouvement le modèle économique (la partition) qui leur sert de référence. Mais attention ! Recréer ne signifie pas créer, car le chef d'entreprise est à la fois compositeur et interprète, ce qui constitue tout de même une différence de taille avec le chef d'orchestre. Le dirigeant d'entreprise « écrit » et « joue » la partition, tantôt avec un décalage dans le temps, s'il lui est possible de prendre du recul, tantôt simultanément, lorsque le temps est compté, ce qui nécessite une réaction immédiate, au risque d'improviser. Il n'est pas, au sens propre, un interprète, il n'est pas là pour donner du sens à une partition écrite voici deux siècles. Son rôle consiste à créer tous les jours, avec rigueur, intuition et… bon sens.

Écoutons notre jeune dirigeante Valérie confirmer cette la restriction :

« Dans les deux cas, le dirigeant, qu'il soit d'orchestre ou d'entreprise, doit contrôler ses émotions et reconnaître celles des autres, mais ce qui diffère, c'est que le dirigeant d'orchestre doit en plus transmettre l'intention du compositeur, ou du moins ce qu'il en a compris… Son intention à lui ne compte pas, il est là pour transmettre l'émotion, dans le respect de l'œuvre, de la partition… »[1]

Langage musical, langage de tous les jours

Chantal établit une autre restriction relative au mode de communication, très différent selon qu'il s'agit de langue véhiculaire ou de langage musical :

« Dans la musique, le langage est commun, vous avez des notes et vous avez un tempo, c'est tout, et ce langage, le chef d'orchestre le maîtrise, les musiciens le maîtrisent, et il n'y a finalement pas beaucoup de nuances possibles : une note blanche, c'est une blanche, tandis que dans l'entreprise, même si vous parlez toujours français, vous vous exprimez d'une certaine façon et puis vous vous apercevez deux

---

1. Valérie, entretien de novembre 2006.

jours après que ce que vous avez dit, ce n'est pas ce qui a été compris, et encore moins ce qui a été fait, d'autant que dans une PME tout ne peut pas être transformé en procédures comme dans le système anglo-saxon où on définit des procédures justement pour éviter les risques de mauvaise interprétation. Alors on arrive à des situations où quelqu'un vous annonce qu'il n'a jamais rencontré ce cas, donc qu'il ne sait pas faire, donc tout le monde est bloqué, et à ce moment-là, ça remonte au chef pour qu'il tranche. »[1]

Le sujet de la communication est vaste, on le sait. Même au sein d'un orchestre, le langage de la partition s'accommode d'interprétations, différentes selon les époques, les pays, le style personnel du chef, plus ou moins directif ou au contraire accompagnant sa formation. « Tout est dans la partition, sauf l'essentiel », disait Gustav Mahler. La façon d'attaquer, le tempo, la couleur du son dépendent du style adopté par celui qui conduit l'orchestre. Et il est heureux qu'il en soit ainsi ! La délégation est d'autant plus aboutie, on l'a dit maintes fois, qu'elle va de pair avec une appropriation en profondeur des objectifs par les collaborateurs ; encore faut-il que ceux-ci comprennent ce que l'on attend d'eux. Communiquer, cette activité fatidique sur lequel butent beaucoup ! Ne pas en dire assez, c'est s'exposer à l'incompréhension, peu favorable à l'entraînement des autres. Le goût du secret, parfois justifié en matière économique, ne doit pas se pervertir en rétention systématique de l'information.

En dire trop entretient la confusion et masque parfois le vide de la pensée. La théâtralisation de l'entreprise, avec son cortège de déclarations et de valeurs factices, a échoué d'autant plus que parler revient alors à ne rien dire, pis encore à masquer, c'est-à-dire mentir. Celui qui veut donner du sens au travail des autres et les mettre en mouvement sur des bases légitimes parle net, c'est-à-dire clair.

---

1. Chantal, entretien de novembre 2006.

Mais la restriction la plus sérieuse, affirme Isabelle, est bien celle du langage mis à la disposition du chef :

« Le chef d'orchestre ne dispose que de la gestuelle, la main droite bat la mesure, tandis que la main gauche donne l'intention. Il arrive que le chef utilise les deux mains pour interpréter et ne batte plus la mesure... Tout cela n'est pas très codifié, aucun chef n'utilise la même gestuelle... Dans l'ensemble, c'est très limité, on a beaucoup de mal à faire passer les nuances... C'est un peu comme l'anglais parlé dans les entreprises, on arrive à se faire comprendre, mais parfois les mots manquent ; en français, vous pouvez remplacer un mot par un autre, utiliser un synonyme, ce qui fait qu'en anglais il manque les nuances... L'orchestre doit se contenter de gestes... »[1]

Jouer ensemble, travailler ensemble

L'orchestre est souvent perçu de l'extérieur, en particulier par les managers, comme un ensemble naturellement harmonieux et soudé qui servirait de « modèle » au monde plus conflictuel et insubordonné de l'entreprise. La réalité est qu'il n'existe aucun modèle orchestral et que le jeu collectif ne va pas plus de soi dans l'orchestre que dans l'entreprise. Dans les deux cas, l'apprentissage y est long et difficile, en partie en raison du caractère très individuel des formations reçues par les musiciens, notamment en France. Les classes de musique d'orchestre sont apparues depuis seulement une dizaine d'années dans certains conservatoires. De ce point de vue, l'orchestre, comme l'entreprise, doivent consentir au douloureux apprentissage du « travailler ensemble ». Écoutons, à titre d'exemple, ce que dit Gérard, manager d'orchestre :

« Pendant des années, on n'a jamais formé les musiciens pour être des musiciens d'orchestre, on les a tous formés dans l'espoir qu'ils seraient un jour solistes, ce qui a développé leur ego, leur individualisme, ce qui fait que quand ces gens-là se retrouvent dans un orchestre

---

1. Isabelle, entretien de novembre 2006.

parce qu'ils n'ont pas réussi comme solistes, ils ne supportent pas la moindre autorité, de jouer avec les autres, etc. »[1]

Ce trait, que l'on pourrait retrouver dans toutes les formations musicales de la Terre, est fort accentué en France, selon Gérard, ce qui laisse penser qu'il pourrait aussi affecter les formations au management et, partant, le monde de l'entreprise :

« C'est très lié à la culture et à la psychologie d'un peuple… Voyez un orchestre anglais par exemple : ces types-là, on n'a pas besoin de leur dire de jouer ensemble, d'avoir une battue extrêmement précise ; ils regardent le violon solo et ils jouent ensemble parce que c'est dans leurs gènes… Ils jouent collectif… Les Français, c'est tout à fait l'inverse : ce sont de merveilleux musiciens pris individuellement, mais pour arriver à les faire jouer collectif, c'est extraordinairement difficile parce que chacun a sa personnalité qu'on arrive pas à fondre dans le collectif… Il y a ce côté coq gaulois qui fait qu'on se croit toujours meilleur que le voisin, comme si dans un orchestre il pouvait y avoir seize premiers violons ! Dans les conservatoires, on forme les gens pour être des solistes, ce qui est en termes statistiques totalement absurde… »[2]

On pourrait croire cette description quelque peu excessive. Il n'en est rien, bien au contraire, et elle est au demeurant confirmée par d'autres dirigeants musicaux qui stigmatisent l'approche en vigueur en France faisant de l'orchestre une sorte de pis-aller pour solistes déçus. Marc, dirigeant d'un orchestre de région, nuance toutefois le propos s'agissant des femmes, dotées à ses yeux d'un meilleur sens collectif et réussissant mieux aux concours d'orchestre.

Pour remédier à cette situation, l'Orchestre de Paris a même pris l'initiative de créer une académie, destinée à faire en sorte que les élèves parvenus en fin d'études aux conservatoires national et régionaux viennent participer à des sessions avec l'Orchestre,

---

1. Gérard, entretien de janvier 2007.
2. *Ibid.*

jouent avec les musiciens et les chefs de pupitre. Ils peuvent ainsi s'initier à la vie de musicien d'orchestre et apprendre ce fameux « jouer ensemble » qui de l'extérieur paraît évident et consubstantiel à la vie d'un orchestre, mais qui dans la réalité ne va pas de soi.

Pierre, dirigeant musicien, confirme ce trait culturel propre à la France, même s'il ajoute deux précisions : dans son entreprise, les mentalités sont en train d'évoluer, « notamment par le jeu de l'alternance entre formation et vie en entreprise ». En outre, il ne faut pas négliger le travail individuel préalable, formation comprise, si on ne veut pas faire perdre de temps à la collectivité. Travailler ensemble ne signifie pas travailler *seulement* ensemble.

Ajoutons pour faire bonne mesure que diriger des musiciens solitaires par éducation est chose si délicate que quelques répétitions ne suffisent pas toujours à légitimer l'autorité des chefs extérieurs souvent invités à diriger l'orchestre, pratique très courante et qui, autre différence à noter au passage[1], ne trouve pas son équivalent dans l'entreprise. Certains d'entre eux s'imposent très rapidement, auquel cas l'entente avec le responsable d'orchestre est bonne, car il n'existe pas d'enjeux de pouvoir, pas de décisions à prendre, et, par conséquent, peu de conflits. En revanche, d'autres chefs invités peuvent se trouver rejetés tout aussi rapidement par l'orchestre pour des raisons très difficiles à définir : mauvaise prise de contact, raidissement de part ou d'autre, ce qui impose de délicates missions de médiation entre responsables permanents et musiciens, personne n'ayant au bout du compte intérêt à l'annulation pure et simple du concert, et encore moins à la faillite de l'orchestre, ce qui peut arriver à l'étranger mais jamais en France. À la limite, un orchestre peut ne pas reconnaître un chef invité et décider de jouer le concert « sans lui » ! L'affaire est vite conclue entre les chefs de pupitres qui se mettent d'accord pour faire « tourner »

---

1. La pratique du chef invité se répand dans nombre d'orchestres (pas tous). Elle se présente comme un échange de bons procédés, souhaitable du point de vue de la diversité. En revanche, on imagine mal une entreprise fonctionnant avec un dirigeant « invité ».

l'orchestre en faisant croire au chef qu'il les dirige. La cruauté de la situation réside dans le fait que le chef peut ainsi croire jusqu'au bout qu'il a repris la situation en main…

Gérer le rapport au temps

Une autre dimension à considérer est celle du rythme et du temps : l'entreprise, comme l'orchestre, y sont astreints, mais les modalités diffèrent assez sensiblement, comme en témoigne Isabelle, musicienne-manager :

« S'il est exact que l'entreprise et l'orchestre doivent travailler dans la rigueur, la notion de rythme n'est pas la même : dans un orchestre, tout le monde doit jouer exactement en même temps, sinon c'est la dissonance ; les choses ne se présentent pas exactement de la même façon dans l'entreprise, où vous avez des gens plus ou moins rapides (certains finissent leur travail plus vite, d'autres doivent rester le soir pour être à jour le lendemain). Après tout, ce n'est pas si grave… Jouer ensemble, oui, mais cela ne signifie pas exactement la même chose, c'est pour cela que l'orchestre doit répéter pour jouer exactement ensemble ; dans l'entreprise, on prépare, mais il n'y a pas cette dimension de répétition, cette rigueur qu'on trouve dans l'orchestre… »[1]

Ce jugement est confirmé par un cadre en développement des ressources humaines d'un grand groupe, qui, après avoir évoqué le rôle du dirigeant-chef d'orchestre, nuance aussitôt sa position en ajoutant :

« Mais attention ! L'entreprise ce n'est pas l'opéra ! Il ne s'agit pas de faire jouer tout le monde en même temps à la seconde près… Il faut laisser beaucoup plus de place aux initiatives locales, à la décision locale, et ne prendre de façon centrale que les très grandes décisions d'orientation, au demeurant peu nombreuses… »[2]

---

1. Isabelle, entretien de janvier 2007.
2. Directeur du développement des ressources humaines d'un grand groupe automobile.

Écoutons encore Chantal, dirigeante d'entreprise et musicienne amateur :

« Dans une entreprise, il faut durer, sans arrêt se renouveler. Quand on dirige une entreprise, cela dure quatre ans, cinq ans, voire une vie entière ; c'est une carrière entière. Quand vous passez à la direction musicale, vous avez aussi ce rapport au temps, mais il est complètement déphasé, c'est un temps immédiat, il faut que tout le monde soit en même temps, il n'y a pas le droit à l'erreur. Lorsque vous dirigez de fait un orchestre, vous avez un décalage qui est physique, c'est-à-dire que vous êtes dans votre musique dans la tête, avec le tempo qui est celui qui est dans la partition et que vous voulez donner, parce que vous voulez faire ressortir telle ou telle émotion ou tel sentiment. Et ensuite, vous avez le tempo qui vous est renvoyé par l'orchestre avec un décalage. Quand vous écoutez une musique sur un CD, la musique vient de suite à vos oreilles ; quand vous êtes au milieu des musiciens, entre le moment où physiquement vous donnez l'impulsion, le tempo et le moment où le tempo vous revient, vous avez un laps de secondes, ce qui est normal parce que vous devez toujours être en avance par rapport à l'œil du musicien qui va regarder votre geste, mais quand vous avez des mouvements très rapides ou très techniques, pour le chef c'est très facile de faire des mouvements ou d'impulser, mais techniquement, il faut un certain temps à l'instrumentiste pour le faire… Si vous écoutez trop le renvoi du son de l'orchestre, vous ralentissez et, petit à petit, il n'y plus aucun tempo… Il faut donc faire abstraction du rendu immédiat […]. Dans un orchestre, les gens connaissent la partition, ce sont des musiciens qui ont fait des études pour cela, donc vous pouvez toujours aller avec le tempo que vous voulez imposer… Dans une entreprise, vous pouvez aller là, faire tel ou tel développement, mais ensuite, il y a un art de l'exécution : soit tout le monde suit, soit il y en a un qui dit "non, ce n'est pas comme ça" ; à ce moment-là, soit vous jugez que l'objection est pertinente et vous la traitez, soit vous continuez tout droit. »[1]

---

1. Chantal a créé une affaire informatique, puis fait du conseil ; elle dirige depuis plusieurs années une affaire industrielle familiale. Entretien de novembre 2006.

Vivre avec passion est-il toujours possible dans l'entreprise ? Le monde musical serait plus passionné que celui de l'entreprise qui requiert, surtout en des temps quelque peu désenchantés, une très sérieuse attention à la motivation des collaborateurs et à ses éventuelles défaillances ; voici, du moins, le témoignage apporté par cette femme cadre :

« Moi, je vis la musique avec passion. Évidemment, je ne connais pas depuis très longtemps le monde musical, mais j'ai l'impression que dans ce milieu on vit avec passion : vous n'avez pas forcément un problème de motivation des gens, tandis que dans l'entreprise, c'est le souci n° 1, dans mon secteur en tout cas, et à tous les niveaux. Dans mon entreprise industrielle qui compte trois quarts de personnel ouvrier, c'est vraiment le problème principal auquel il faut remédier par une écoute constante et une attention de tous les instants, qui permettent de déceler ce qui ne va pas... Oui, certainement, cette attention peut être stimulée par la pratique musicale ; dans ce domaine, vous êtes obligé de faire attention au moindre son, au moindre dérèglement ; même si l'écoute ne peut pas porter sur tous les instruments à la fois, à l'oreille on n'arrive à suivre que deux ou trois mélodies différentes, sauf de très grands chefs d'orchestre qui arrivent à suivre en même temps quatre ou cinq mélodies différentes, mais en règle générale, trois mélodies c'est déjà beaucoup, ce qui est suffisant pour Beethoven, mais quand on passe à Brahms ou Strauss, c'est beaucoup plus difficile de déceler d'où vient le problème. Les grands chefs, eux, arrivent à entendre ce qui ne va pas et à dire d'où ça vient, mais moi, à mon niveau, je n'arrive pas à le dire... »[1]

Pour autant, et sans doute précisément parce qu'ils sont privés de la parole (sauf pendant les répétitions), la gestuelle des chefs d'orchestre est en recherche intense et constante d'expression des émotions, de la pensée, du rythme. Elle met en action ce qui sans elle ne serait que notes alignées sur les portées. Elle pourrait

---

1. Chantal affiche ici des points de vue qui traduisent dans l'ensemble une grande prudence dans la comparaison entreprise-orchestre.

suggérer aux dirigeants d'entreprises de précieuses indications relatives à la posture propre à renforcer et compléter leur propos, parfois surabondants :

« J'ai appris quelque chose d'impressionnant… Lorsqu'il s'agit de demander à l'orchestre de conserver son intensité sonore et de la développer, il faut avancer son bassin, bien sentir tout le poids de son corps qui rentre dans les talons et va chercher au fond de la terre (sic) ; c'est une des choses que j'ai apprises de la direction d'orchestre… En ayant cette façon de se tenir pas raide, surtout pas raide, en allant puiser au fond de soi-même, en fait au fond de la terre de l'énergie… Ce n'est absolument pas au niveau du rationnel…absolument pas. »[1]

---

1. Chantal, *ibid*.

Du management rationnel au management « musicien »

Depuis le début des temps, musique et pensée se sont efforcées de nouer le dialogue. De grands penseurs nous ont appris que non seulement la musique ne se limitait pas à un divertissement, source possible d'égarement sensoriel, mais qu'elle nous aidait, bien au contraire, à mieux écouter, ausculter, capter la beauté du monde ; qu'elle nous aidait aussi à mieux sentir émotions, sentiments et sensations.

La musique, telle qu'elle est, assemblage du son, du rythme, du tempo, de la nuance, peut parfaitement contribuer à nourrir les réflexions et les actions du manager. L'orchestre et son chef, tels qu'ils sont, peuvent servir de métaphore à l'entreprise et à son dirigeant. Filer la métaphore demande certes du discernement, mais l'image n'est pas sans pouvoir évocateur.

La musique ouvre un champ très vaste à celui qui la pratique ou l'écoute avec l'apprentissage de la complexité, la maîtrise du leadership et la prise en compte de la diversité.

La complexité : le manager musicien comprend que rien ne se fait sans apprentissage. La maîtrise de la complexité demande rigueur, amour et persévérance. Sous l'influence de la musique, il parvient à comprendre la réalité, mais aussi ce qui se cache derrière la réalité.

Pour cela, il apprend à écouter en profondeur. La richesse des éléments simultanés d'un morceau se retrouve dans les timbres des divers instruments : la difficulté est donc de « tout distinguer sans rien dissocier ». Cette écoute attentive, mêlant simultanément attention aux détails et saisie de l'ensemble, n'est pas immédiate car elle s'avère être d'une complexité très subtile, à la complexité de l'espace s'ajoutant la difficulté de maîtriser celle du temps. Or, la musique, art lié au temps plus qu'aucun autre puisqu'elle naît et disparaît avec lui, nous enseigne que le celui-ci nous est compté, qu'il faut par conséquent le gérer, au bon rythme et au bon tempo. Tout ceci suppose le respect de l'œuvre : une croche n'est pas une noire, un mot ne vaut pas un autre.

La maîtrise du leadership passe par la maîtrise de soi, source de fermeté, laquelle permet de donner l'impulsion et de maintenir la cadence. Grâce à la musique, le manager peut se révéler à lui-même, apprendre à identifier et maîtriser ses émotions, improviser dans la discipline, faire en sorte de se situer mieux dans la durée et dans l'espace, conjuguer rigueur et séduction, efficacité et grâce, pause et mouvement. Le leadership s'incarne dans une décision et un message simples, faute de quoi on n'entraîne personne, pas plus l'auditeur en musique que le collaborateur dans l'entreprise. Le bon leader s'efforce de décider sur la base de critères rationnels mais il s'attache en même temps à donner à son propos une formulation séduisante. Il s'ingénie à mettre en mouvement stratégies, structures et systèmes. La musique connaît bien la mise en mouvement : elle n'est faite que de cela, elle est l'art de se bien mouvoir. À l'image du chef d'orchestre, le dirigeant d'entreprise donne l'impulsion, fait preuve d'autorité, développe l'esprit collectif avec rigueur et exigence. Pour faire passer un message, il écoute avant d'agir et laisse faire la régulation.

Mais une réflexion sur le leadership peut et doit aussi s'inscrire dans l'Histoire. Les modèles d'autorité de type napoléonien, étouffants, écrasants, reposant sur la hiérarchie, la centralisation et l'uniformité, sont longtemps restés fortement inscrits dans la mentalité française et l'imprègnent encore. Aujourd'hui, la pyramide est équilibrée par le réseau, l'autorité par l'influence, la démonstration rationnelle par l'art de convaincre. Une telle évolution s'applique au monde de l'orchestre comme au reste de la société : le groupe, doté d'un objectif commun, définit collectivement les moyens à mettre en œuvre, le chef rendant, en dernière analyse, son arbitrage. L'orchestre, comme l'entreprise, n'est pas là pour faire chaque jour comme la veille ; il doit se remettre en question, chercher à faire mieux, encouragé par un chef novateur. Dans les deux cas, discuter ou critiquer ne revient pas à remettre en cause l'autorité du leader, mais à lui donner au contraire plus de contenu.

Le leader est au service des autres. Interprète de la partition comme de la stratégie, il est ce filtre nécessaire à la bonne compréhension des choses. Pour cela, il doit d'abord *oser* (sa conception se veut transgression positive), puis *capter l'attention* (sa conception ne vaut que par la transmission), et enfin *anticiper*. Selon la belle expression d'un grand chef, « l'archet est la flèche qui permet de toucher la cible », et le geste « doit constamment être au service de la pensée ».

La prise en compte de la diversité suppose la considération accordée à chacun, c'est-à-dire à tous les pupitres de l'orchestre jusqu'au plus humble exécutant, à tous les services de l'entreprise, du plus prestigieux au plus modeste. Le manager musicien s'efforce de creuser pour découvrir l'identité et la trajectoire, de comprendre ce que chacun dit et ne dit pas, ou ne souhaite pas dire, ou encore ne parvient pas à dire. La musique peut enfin l'aider à affiner sa réflexion sur les vertus comparées du langage et du silence. En agissant ainsi, il deviendra un manager attentif, souple et exigeant, flexible autant que rigoureux, adoptant le bon tempo et sachant gérer son temps… au bon rythme.

La musique apprend au manager à dissoudre les idées dans la matière, alors qu'il est plutôt enclin à faire l'inverse. En fait, les démarches de la musique et du management sont exactement symétriques : là où le manager *saisit* le contenu de vérité d'une réalité d'entreprise, *s'en empare* sous la forme de concepts ou du moins de préceptes, le musicien, à l'inverse, *dissout* les idées en notions musicales élémentaires, en de simples sons, cet échange n'étant destiné qu'à dilapider une énergie de pensée propice à l'émergence de l'œuvre artistique.

Bref, le concept et l'idée (la nature, le sentiment, l'émotion) sont pour le musicien un carburant transmuant les idées en créations proprement musicales et contribuant à leur mise en œuvre. En cela, la musique nous paraît ouvrir des voies passionnantes permettant de déplacer l'attention de l'abstraction du concept ou de l'idée vers la réalité de l'émotion. On peut dire en termes simples que les idées ne sont intéressantes que si elles peuvent, tôt ou tard, déboucher sur l'action et la transformation. Encore faut-il faire converger, unir, assembler ces trois univers que sont pensée, action et émotion.

Et si la musique peut conditionner favorablement le manager, par la pratique ou l'audition active des œuvres musicales, elle n'influe pas directement sur le management lui-même, qui reste soumis à la formation, à l'expérience et au savoir-faire technique du dirigeant. Tout au plus peut-elle agir sur son savoir-être, comme nous avons essayé de le montrer. Et ceci ne serait pas un mince résultat. De même, ce qui de la musique est conditionné par le management, ce sont, à la rigueur, les musiciens, et non pas, bien entendu, la musique elle-même !

En cela, la musique peut contribuer à aider chaque manager à penser en homme d'action et à agir en homme de pensée, sans jamais renier ses émotions mais en les contrôlant, sans renoncer à la réflexion mais en la synthétisant et en lui donnant du charme.

Lorsqu'on joue de la musique en groupe ou en formation non dirigée, survient toujours un phénomène de normalisation : les différents musiciens, s'ils sont compétents, ont tendance à calquer leur vitesse sur la moyenne des autres instruments, afin d'être parfaitement en mesure. Si quelqu'un va un peu plus vite, il gâche à lui seul l'ensemble de l'œuvre. Il ne faut donc pas agir avec précipitation. Autrement dit : ne pas aller plus vite que la musique !

Glossaire des termes musicaux

Altération

Modification de la hauteur d'un son par l'adjonction d'un signe qui le hausse ou le baisse à partir de son état naturel. Dans la musique occidentale classique, où l'unité d'intervalle est le demi-ton, les altérations usuelles sont le dièse qui hausse la note d'un demi-ton et le bémol qui la baisse d'un demi-ton.

Attaque

Terme désignant la première ou les premières notes d'un morceau de musique. Il désigne également le geste du chef d'orchestre précédant l'exécution des premières notes d'une œuvre.

Bruit

Ensemble de vibrations généralement peu harmonieuses qui ne sont pas ressenties par l'ouïe comme des sons musicaux.

Cadence

Au sens général, mouvement régulier des battues du temps ; en harmonie, la cadence désigne un enchaînement d'accords servant de ponctuation à la phrase musicale.

Concerto

Genre musical faisant dialoguer un soliste instrumental (plus rarement deux ou trois) avec une formation instrumentale ou un orchestre et les confrontant de manière à mettre en valeur l'expression et la virtuosité des solistes.

Consonance

Notion très relative appliquée à un intervalle qui, dans une situation socioculturelle donnée, est ressenti comme agréable à l'oreille.

Dissonance

Notion tout aussi relative s'appliquant à un intervalle ressenti comme non agréable à l'oreille.

Gamme

Nomenclature des sons appartenant soit à une échelle, soit à une tonalité ou à un mode déterminés, rangés par degrés conjoints ; exercice usuel chez les instrumentistes consistant à jouer à la suite, en combinaisons variées, tous les sons d'une gamme donnée.

Harmonie

Terme musical employé dans un sens général (juste équilibre résultant, dans un ensemble, d'un juste équilibre dans le choix des composants) mais aussi technique (science du rapport entre les sons, de leur groupement, de leur agencement en gammes).

Legato

Mot italien désignant une manière de jouer ou de chanter en liant les sons entre eux sans aucune interruption ; le *legato* est l'une des principales sources du phrasé qui permet de donner son style à l'œuvre.

Mélodie

Notion reposant sur une distinction entre l'aspect horizontal de la musique, succession dans le temps de différents degrés de hauteur formant une courbe, la mélodie, et son aspect vertical, simultané, représenté par les accords, l'harmonie. La mélodie sous-entend souvent son harmonie, mais le compositeur a toujours le choix des deux. Le terme « mélodie » désigne également un genre musical, comme dans l'expression « chanter une mélodie française ».

Mesure

Unité rythmique, elle-même divisée en temps, placée entre deux barres sur une partition. La mesure s'indique en début d'œuvre par une fraction dont le dénominateur représente une division de la note « ronde », prise arbitrairement comme valeur de référence, et le numérateur le nombre de ces divisions par mesure. Exemple : 3/4 = mesure formée par 3 quarts de ronde, soit 3 notes noires.

Note

Signe essentiel de l'écriture musicale, représentant à la fois la hauteur et la durée d'un son.

Nuance

Degré de force ou de ténuité du son correspondant à l'amplitude de la vibration. Exemple : jouer un morceau *piano* ou *forte.*

Partition

Mise par écrit d'un morceau de musique. Les partitions d'orchestre sont des documents complexes écrits en employant plusieurs clefs (cinq).

Pizzicato

Dans les instruments à cordes frottées, technique consistant à pincer la corde avec le doigt au lieu de la frotter avec l'archet ; à ne pas confondre avec la note piquée, jouée séparément des autres par opposition au *legato.*

Pause

Signe indiquant un silence d'une mesure entière, quelle que soit la longueur de celle-ci. Sa représentation graphique est un tiret épais et court.

Rubato

Indication d'expression prescrivant d'accélérer certaines notes d'une mélodie et d'en ralentir d'autres pour échapper à la rigueur de la mesure, la basse conservant en principe un rythme immuable.

Rythme

Ordonnance des sons dans le temps selon des proportions accessibles à la perception, fondées sur la succession de leur durée et l'alternance de leurs points d'appui. Le rythme est souvent confondu avec la mesure alors que celle-ci n'en est qu'une des modalités.

Son

Les sons, dont l'agencement particulier dans le temps constitue l'art musical, n'existent pas en tant que tels ; ils sont dus à des vibrations de l'air, animées de surpressions et de dépressions, vibrations que l'oreille recueille et transforme en influx nerveux ; c'est la sensation auditive que nous appelons « son ».

Silence

Interruption ou absence de son. Notation signifiant, sur une partition, cette interruption, la durée d'un silence étant aussi variable que celle des notes.

Tempo

Terme qui désigne la plus ou moins grande rapidité d'exécution d'une œuvre ou d'un fragment d'œuvre ; le tempo s'exprime soit par un terme tel que *moderato* ou *adagio*, soit par référence à un genre musical, menuet ou valse, soit par indication métronomique.

Index des œuvres musicales citées

Les extraits de partition utilisés dans cet ouvrage pour illustrer notre propos sont tous issus du site *www.enmdgcpc.net* (partitions gratuites et libres de droits).

Bibliographie

Aristote, *La Politique*, Vrin, 1962.

Basso Alberto, *Jean-Sébastien Bach*, Fayard, 1984.

Casadesus Jean-Claude, *Le plus court chemin d'un cœur à un autre*, Stock, 1997.

Cinus Michel, « Quelques réflexions sur l'idée de la forme musicale chez T. W. Adorno », voir sur le site *www.uqtr.ca*

Cornu Michel, « Temps et Musique », voir sur le site *www.contre-pointphilosophique.ch*

Court Raymond, *Le musical, essai sur les fondements anthropologiques de l'art*, Klincksieck Esthétique, 1976.

Descartes René, *Abrégé de musique*, PUF, 1987.

Fleming Renée, *The Inner Voice, the Making of a Singer*, Viking, 2001.

Glissant Édouard, *Poétique de la relation*, Gallimard, 1990.

Héraclite, *Fragments*, Garnier Flammarion, 2002.

Hesse Hermann, *Lettres choisies*, Éditions José Corti, 1999.

Huppert Remi, *Huit qualités pour diriger autrement*, Éditions d'Organisation, 2006.

Jankélévitch Vladimir, *La musique et l'ineffable*, Le Seuil, 1983.

Jankélévitch Vladimir, *La musique et les heures*, Le Seuil, 1988.

Kintzler Catherine, *Jean-Philippe Rameau. Splendeur et naufrage de l'esthétique du plaisir à l'âge classique*, Minerve, 1988.

Kintzler Catherine, *Poétique de l'opéra français de Corneille à Rousseau*, Minerve, 1991.

Laborde Denis, « Des passions de l'âme au discours de la musique », revue Terrain n° 22, mars 1994. Voir sur le site *http//terrain.revues.org/document3087.html*

Landovska Wanda, *On Music*, Denise Restout, 1981.

Lehmann Bernard, *L'orchestre dans tous ses éclats*, La Découverte, 2005.

McVeigh Alice, *All risks musical — An irreverent guide to the music profession*, Pocket Press, 2002.

Mersenne Marin, *Harmonie universelle contenant la théorie et la pratique de la musique* (1636). Édition en fac-similé de l'exemplaire conservé à la Bibliothèque des Arts et Métiers et annoté par l'auteur, Éditions du CNRS, 1986.

Morellet (Abbé), *De l'expression en musique*, Mercure, 1771.

Nattiez Jean-Jacques, *Proust musicien*, Christian Bourgois Éditeur, 1984.

Nemo Philippe, « Monde de la musique » sur le site *www.contre-pointphilosophique.ch*, n° 288, 2004.

Nietzsche Friedrich, *Le crépuscule des idoles*, Garnier Flammarion, 1985.

Pascal Blaise, *Pensées*, Garnier Flammarion, 1976.

Platon, *La République*, Garnier Flammarion, 1966.

Proust Marcel, *À la recherche du temps perdu. La Prisonnière*, Gallimard, 1989.

Proust Marcel, *À la recherche du temps perdu. À l'ombre des jeunes filles en fleurs*, Gallimard, 1988.

Rebatet Lucien, *Une histoire de la musique*, Robert Laffont, 1984.

Rousseau Jean-Jacques, *Essai sur l'origine des langues*, Ducros, 1970.

Saint Augustin, *Les Confessions*, Garnier frères, 1964.

Salatko Alexis, *Horowitz et mon père*, Fayard, 2006.

Schopenhauer Arthur, *Le monde comme Volonté et comme Représentation*, PUF, 2004.

Senault Jean-François, *De l'usage des passions*, Fayard, 1641.

Stoléru Lionel, *La vie, c'est quoi monsieur le ministre ?*, Plon, 2003.

Index

E

F

G

H

I

J

Rythme 7, 14, 18, 35–36, 42,
46, 66, 73, 81, 108–114, 153,
182, 190–191

S

Sentiment 1, 15, 20, 22, 24,
27, 31–32, 40–42, 67, 76, 81,
85–86, 103, 107, 135, 208,
211, 214

Silence 7, 9, 36, 41, 48, 96, 107,
109, 124, 127, 150, 152–157,
178, 213

Style 1, 35, 65, 83, 85, 113, 142,
180, 185, 191–192, 203

T

Tempo 35, 37, 46, 64, 68, 74,
76, 80–82, 105, 109–110, 113,
132, 138, 175, 178, 182, 185,
200, 202–203, 208, 211–213

Temps 3, 10, 14–15, 26–27,
29, 39–41, 43, 47, 49–50, 70,
75–76, 78, 81–82, 84, 90, 105,
107–111, 114, 137, 142, 144,
146–150, 153, 157–158,
162–163, 177–179, 186, 196,
202, 207–209, 211–213

Tension 48, 68, 78–80, 96–97,
99, 114

Thérapie 44

Toucher 68–70

V

Variations 4, 43, 72, 101, 142

Vertus 3, 9, 16, 45–46, 81, 114,
126, 213

Violence 47, 59, 127–129, 162

Virtuosité 5, 119–121, 123, 143

Volonté 3, 6, 13, 29–34, 37–38,
47, 69, 110, 161

Composé par Sandrine Rénier